ADOLPHE JOANNE

GÉOGRAPHIE

DE LA

HAUTE-VIENNE

10 gravures et une carte

HACHETTE ET Cie

GÉOGRAPHIE

DU DÉPARTEMENT

DE LA

HAUTE-VIENNE

AVEC UNE CARTE COLORIÉE ET 10 GRAVURES

PAR

ADOLPHE JOANNE

AUTEUR DU DICTIONNAIRE GÉOGRAPHIQUE ET DE L'ITINÉRAIRE GÉNÉRAL DE LA FRANCE

PARIS

LIBRAIRIE HACHETTE ET Cie

79, BOULEVARD SAINT-GERMAIN

1877

TABLE DES MATIÈRES

DÉPARTEMENT DE LA HAUTE-VIENNE

LISTE DES GRAVURES

Typographie Lahure, rue de Fleurus, 9, à Paris.

DÉPARTEMENT

DE LA

HAUTE-VIENNE

I. — Nom, formation, situation, limites, superficie.

Le département de la Haute-Vienne doit son *nom* à sa situation sur le cours supérieur d'une rivière dont les sources ne se trouvent pas sur son territoire. Cette rivière, la Vienne, affluent très-important de la Loire, coule dans le département pendant 140 kilomètres, de l'est à l'ouest-ouest-nord, non sans y faire de grands détours, et en arrose le chef-lieu, Limoges.

Il a été *formé*, en 1790, d'une portion plus ou moins grande de quatre des provinces qui constituaient alors la France : au **Limousin** il a pris 321,622 hectares, soit près des trois cinquièmes de son territoire ; à la **Marche**, 129,579 hectares, soit bien près du quart ; au **Poitou**, 94,051 hectares, ou les dix-sept centièmes ; au **Berry**, 27,500 hectares, ou presque exactement les cinq centièmes. Avant la création des départements, le territoire de la Haute-Vienne appartenait surtout à la région du Limousin qu'on nommait le *Haut-Limousin*, par opposition au *Bas-Limousin*, maintenant le département de la Corrèze.

Le département de la Haute-Vienne est *situé* dans la France centrale, car un seul département, la Creuse, le sépare du Cher, qui occupe presque le centre de la France. Deux départements, la Charente et la Charente-Inférieure, le séparent de l'océan Atlantique ; quatre, la Dordogne, le Lot-et-Garonne, le Gers et les Hautes-Pyrénées, de la frontière d'Espagne ; cinq de la frontière de l'Italie (la Creuse, le Puy-de-Dôme, la Loire, l'Isère et la Savoie) ; cinq également des rives de la Manche, la Vienne, l'Indre-et-Loire, la Sarthe, l'Orne et le Calvados ; enfin il est à 400 kilomètres de Paris par le chemin de fer et à 345 seulement à vol d'oiseau ; quatre départements : Indre, Loir-et-Cher, Loiret, Seine-et-Oise, le séparent du département de la Seine. Il est traversé, un peu à l'est de Limoges, non loin de Saint-Léonard, par le 1er degré de longitude ouest de Paris ; dans l'autre sens, c'est-à-dire de l'est à l'ouest et non plus du sud au nord, il est coupé par le 46e degré de latitude nord (vers Nantiat et la Jonchère) : il est, par conséquent, un peu plus voisin du Pôle que de l'Équateur, que séparent, on le sait, l'un de l'autre quatre-vingt-dix degrés ou un quart de cercle. Limoges se trouve à peu près sous la même latitude que les villes de Rochefort, de Clermont et de Lyon ; à peu près sous la même longitude que celles de Dieppe, de Rouen, de Blois et de Montauban.

Le département de la Haute-Vienne est *borné* : — au nord, par le département de l'Indre ; — au nord-ouest, par celui de la Vienne ; — à l'ouest, par celui de la Charente ; — au sud-ouest, par celui de la Dordogne ; — au sud-est, par celui de la Corrèze ; — à l'est, par celui de la Creuse. Ses frontières sont presque partout artificielles, c'est-à-dire tracées, comme au hasard, à travers champs et non imposées par la mer, par des montagnes, ou par de larges rivières. A peine s'il est çà et là limité pendant quelques kilomètres par le cours de telle rivière ou de tel ruisseau : par la Benaize, au nord de Lussac-les-Églises ; par le Thaurion, au-dessus de Saint-Laurent-les-Églises ; par la Boucheuse ; par la Loue ; par l'Isle, au-dessous du Chalard ; par la Dronne, en amont et en aval de Firbeix, village du département de la Dordogne ; par le ruisseau du Trieux, au sud-ouest de Saint-Mathieu ; par la Tardoire, au sud-ouest des Salles-Lavauguyon ; par la Vienne, l'Issoire, la Gartempe, le Salleron, l'Asse, à leur sortie du territoire départemental.

Sa *superficie* est de 547,934 hectares : sous ce rapport, c'est le 66e département de France ; en d'autres termes, 65 sont plus étendus. Sa *longueur*, du nord au sud, parallèlement au 1er degré de longitude ouest, de l'extrémité méridionale de l'arrondissement de Saint-Yrieix au point où la Benaize sort du département, est d'environ 120 kilomètres. Sa *largeur*, de l'est à l'ouest, varie beaucoup : elle est, en traversant Saint-Sulpice-les-Feuilles, de 56 kilomètres ; de 60 kilomètres à Bellac ; de 90 à 100 kilomètres à Limoges; la largeur maxima, par Pierrebuffière, entre le point où la Tardoire quitte le département et celui où la Vienne y entre, atteint 110 kilomètres. Son *pourtour* est de plus de 500 kilomètres, en ne tenant pas compte des sinuosités secondaires.

II. — Physionomie générale.

Le département de la Haute-Vienne est, dans l'ensemble, un pays de montagnes moyennes, incliné avec le cours de ses rivières, d'une part vers le nord, d'autre part vers l'ouest, enfin vers le sud-ouest. C'est un des vingt-deux départements qui concourent en tout ou en partie à former le **Plateau central**, dont l'étendue est d'environ huit millions d'hectares, soit plus du septième et moins du sixième de la France, et qui sépare, en France, le nord du midi. Sur son versant septentrional, comme sur son penchant occidental, ce plateau est un pays froid, humide, brumeux ; sur son versant méridional (et en partie sur son penchant oriental), c'est une région ensoleillée, colorée, aride çà et là. Mais, si le Plateau central sépare le nord de la France du midi, par sa flore et par son climat il appartient certainement tout à fait au nord, car ses plaines, ses vallées, ses montagnes sont l'une des régions les plus froides de l'Europe.

Naturellement, c'est dans l'est du département, du côté d'où descendent les eaux, qu'on doit chercher le point culminant de tout le territoire. La cime la plus élevée de la Haute-Vienne se dresse dans le canton d'Eymoutiers, au nord-est et à une petite distance de Beaumont, près des sources d'un affluent de droite de la Vienne, et non loin de la rive gauche de la Maulde ; son altitude est de 777 mètres, c'est-à-dire douze à treize fois la hauteur du clocher de Saint-Étienne de Limoges, le monument le plus élevé du département (62 mètres), mais à peine la sixième partie de celle du Mont-Blanc, montagne du département de la Haute-Savoie (4,810 mètres), la plus haute non-seulement de toute la France, mais encore de l'Europe entière, non compris le Caucase (5,660 mètres), chaîne d'ailleurs asiatique autant qu'européenne.

Ce sommet de 777 mètres, voisin d'un sommet de 764 mètres, fait partie du principal massif des **monts du Limousin**, du **Plateau de Millevache**, haute plaine hérissée de mamelons et de collines, qui s'étend surtout dans le département de la Corrèze, mais auquel appartiennent la Haute-Vienne et la Creuse, et qui est fort important pour le partage des eaux ; la Vienne, la Creuse, la Vézère, en descendent ; son point culminant est le mont Besson (984 mètres), près de Meymac (Corrèze), et, tout près des frontières de la Haute-Vienne, au sud-est d'Eymoutiers, quelques-unes de ses cimes atteignent 800 à 850 mètres.

Les monts de Millevache se composent de granit, de gneiss, de mica, roches dures qui ne se laissent pas facilement entamer et pénétrer par l'eau comme les calcaires et les craies. Aussi l'eau, ne filtrant pas dans le sol, se montre-t-elle partout à la surface, formant des étangs, des rivières, des ruisseaux, des ruisselets, des rigoles, qui, même en été, donnent une verdure admirable aux prairies de ce beau pays. Malheureusement les arbres sont trop rares et les forêts y manquent presque entièrement.

Bien qu'ils aient une altitude moindre, les autres massifs de la Haute-Vienne ressemblent aux monts de Millevache. Telles sont les hauteurs qui séparent les bassins de la Combade et de la Briance, sur les frontières de la Corrèze, autour de Saint-Gilles-les-Forêts (**mont Gargan**, 731 mètres) ; telles sont aussi celles d'où descendent l'Auvézère, la Boucheuse, la

Loue, l'Isle, la Dronne, rivières du bassin de la Gironde, le Bandiat et la Tardoire, rivières du bassin de la Charente. Leur élévation maxima est de 507 mètres, aux sources de l'Auvézère ; de 533, à celles de la Boucheuse ; de 503, aux collines qui commandent l'origine de la Loue ; de 404, dans les coteaux où naît l'Isle ; de 546, vers la naissance de la Dronne ; de 510, aux lieux où commence la Tardoire.

Si, de la partie du département située au sud de la Vienne, on passe dans la partie située au nord, on y trouve deux massifs d'une certaine importance : les monts d'Ambazac et les monts de Blond.

Les **monts d'Ambazac** s'élèvent entre le cours du Thaurion et de la Vienne d'une part, et les sources de ruisseaux du bassin de la Gartempe, d'autre part. Le chemin de fer de Paris à Limoges en traverse les contre-forts, de la station de Saint-Sulpice-Laurière à celle de Saint-Priest-Thaurion. Leur cime culminante, le *Puy de Sauvagnac*, haut de 701 mètres, se dresse en vue de la station de la Jonchère, à 5 kilomètres environ vers le nord-ouest.

Les **monts de Blond**, hauts de 515 mètres au *Puy de Blond*, au sud-ouest de Bellac, séparent le bassin de la Vienne de celui de la Gartempe ; ils touchent à la frontière du département de la Charente. Bien que d'une faible altitude, ils produisent, de loin, un grand effet, car les vallées et les plaines qu'ils dominent sont fort basses.

La Haute-Vienne est un département fort accidenté, couvert de montagnes, de lacs ou plutôt d'étangs, riche en arbres sinon en bois et en forêts. Ses montagnes offrent un aspect monotonement triste, ici par leur nudité, là par leurs brandes et leurs bruyères ; mais presque toutes ses vallées sont fraîches et riantes ; celle qu'arrose la Vienne est remarquablement belle, surtout au-dessous de Limoges, sur la route de Périgueux, vers Eymoutiers et Saint-Léonard, aux environs d'Aixe et de Saint-Junien. La vallée de la Gartempe est aussi fort pittoresque aux abords du viaduc de Rocherolle, haut de 53 mètres et long de 187.

III. — Cours d'eau.

Le département de la Haute-Vienne se partage très-inégalement entre trois bassins, qui sont, par ordre de leur importance territoriale, ceux de la Loire, de la Gironde et de la Charente.

Dans le bassin de la Loire sont compris en entier les arrondissements de Bellac et de Limoges, plus de la moitié de celui de Rochechouart et près de la moitié de celui de Saint-Yrieix. A celui de la Gironde appartient la portion la plus méridionale des arrondissements de Saint-Yrieix et de Rochechouart ; à celui de la Charente, les environs de Chalus (arrondissement de Saint-Yrieix) et les communes occidentales de l'arrondissement de Rochechouart. En somme, le bassin de la Loire, dans le département de la Haute-Vienne, occupe environ 472,000 hectares, soit plus des huit et moins des neuf dixièmes du territoire. Au bassin de la Gironde reviennent environ 50,000 hectares, soit un peu moins du dixième ; au bassin de la Charente, un peu moins de 30,000 hectares, soit environ le cinquième.

La **Loire**, le plus long des grands fleuves de la France, en même temps que le moins abondant, ne touche pas le département de la Haute-Vienne ; il en passe même fort loin, puisqu'au point où il en est le plus rapproché, c'est-à-dire vers Tours, on compte, à vol d'oiseau, 115 à 120 kilomètres entre la rive gauche de la Loire et le territoire du département.

La Loire, longue d'un peu plus de 1,000 kilomètres, dans un bassin de 11,650,000 hectares, c'est-à-dire plus du cinquième de la France, prend sa source dans le département de l'Ardèche, sur un versant du Gerbier-de-Joncs, volcan éteint de 1,562 mètres de hauteur. Elle naît quatre fois plus près en ligne droite de la mer Méditerranée que de l'estuaire où elle se perd dans l'océan Atlantique après avoir longé ou traversé douze départements, baigné Nevers, Orléans, Blois, Tours, Nantes, et avoir, en outre, passé près du Puy, de Saint-Étienne et d'Angers. Son embouchure est à 55 kilomètres au-dessous de Nantes, à Saint-Nazaire. C'est un fleuve des plus capricieux: en été, il mouille à peine son large lit de sable; il ne roule guère alors, du moins à l'étiage, c'est-à-dire aux eaux très-basses, que 60 à 75 mètres cubes, en d'autres termes, 60,000 à 75,000 litres d'eau par seconde au-dessous du confluent de la Vienne ; en aval du confluent de la Maine, le minimum est de 127 mètres cubes. En revanche, ses crues sont terribles: elles peuvent amener 10,000, 12,000 et jusqu'à 15,000 mètres cubes à la seconde.

C'est par la Vienne que le département de la Haute-Vienne envoie ses eaux à la Loire.

La **Vienne**, l'une des plus longues et des plus abondantes rivières de la France, a ses premières sources dans le département de la Corrèze, sur le flanc du mont Odouze, colline du plateau de Millevache haute de 954 mètres. Elle jaillit à 858 mètres au-dessus des mers, mais le ruisseau qu'elle forme descend avec une telle vitesse vers les bassins inférieurs, que, après un parcours de 25 kilomètres au plus, il n'est qu'à 540 mètres d'altitude quand il entre dans le département de la Haute-Vienne.

La Vienne a donc déjà descendu de près de 320 mètres lorsqu'elle arrive dans la Haute-Vienne, où son parcours est d'environ 140 kilomètres et son abaissement de niveau de 383 mètres, car elle sort du département par 157 mètres. D'abord étroite, rapide, extraordinairement sinueuse (comme en général les rivières des pays granitiques), elle passe au pied de la colline de Rempnat et à Eymoutiers ; puis, pendant un long trajet elle n'arrose que des hameaux.

Déjà puissante à Saint-Léonard, grâce aux tributs de la Combade et de la Maulde, elle se double presque par la jonction du Thaurion à Saint-Priest, et devant Limoges elle est déjà une puissante rivière, large en moyenne de 78 mètres, mais son altitude n'est plus que de 210 mètres.

Au-dessous du chef-lieu du département, elle continue de couler dans une charmante vallée, moins sauvage qu'en amont, mais plus large, plus fertile, plus gracieuse. Sa direction générale, malgré des détours considérables, est toujours de l'est-sud-est à l'ouest-nord-ouest. Elle reçoit la Briance, baigne Aixe et Saint-Junien, la seconde ville de la Haute-Vienne pour le nombre des habitants et l'activité industrielle; puis elle passe dans le département de la Charente au confluent de la Gorre.

De ce point à son embouchure dans la Loire, la Vienne coule dans trois départements, la Charente, la Vienne, l'Indre-et-Loire, non plus dans la direction de l'est à l'ouest, mais dans celle du sud au nord; elle arrose Confolens, Châtellerault et Chinon. Elle se jette dans la Loire à Candes, par 30 mètres d'altitude, entre Tours et Angers. Son cours est de 372 kilomètres. Sa largeur moyenne, au-dessous du confluent de la Creuse, atteint 156 mètres. Quant à son débit, sur lequel des chiffres précis nous manquent encore, il est considérable. La Vienne est, avec l'Allier et la Maine, un des trois affluents les plus abondants de la Loire : en été, elle doit rouler encore quinze à vingt mètres cubes d'eau par seconde. Ses crues sont formidables, mais heureusement elles concordent rarement avec celles du fleuve.

La Vienne reçoit directement dans le département les torrents de la Villedieu et de la Celle, la Combade, la Maulde, le Tarn, le Thaurion, le Palais, la Valoine,la Briance, l'Aurence, l'Aixette, la Glane, la Gorre. Hors du département, elle recueille, comme cours d'eau ayant appartenu à la Haute-Vienne, la Graine, l'Issoire, la Blourd. Enfin la Creuse, qui ne touche point au département, porte à la Vienne le tribut de la Gartempe, rivière limousine par elle-même et par un grand nombre de ses affluents.

La *Combade*, affluent de gauche, vient du département de la Corrèze : elle passe à Châteauneuf-la-Forêt et se perd dans la Vienne près de Saint-Denis-des-Murs, après un cours de 35 à 40 kilomètres. Sa largeur moyenne est de 15 mètres; ses eaux sont rapides, abondantes et très-limpides.

La **Maulde** ou **Maude**, rivière extraordinairement sinueuse, d'une longueur d'environ 70 kilomètres, a tout son cours supérieur dans le département de la Creuse, où elle naît sur le plateau de Gentioux, haut de 800 à 900 mètres, et où elle forme, non loin de son entrée dans la Haute-Vienne, près de Saint-Martin-Château, la cascade du Gour des Jarraux, haute de 10 mètres. Dans la Haute-Vienne, elle passe près de Peyrat-le-Château, de Saint-Julien-le-Petit et de Bujaleuf, et tombe dans la Vienne (rive droite), à laquelle elle n'est guère inférieure, au pied des ruines de l'abbaye de Lartige-aux-Moines. La largeur moyenne de la Maulde est de 24 mètres.

Le *Tarn*, tributaire de droite, est un ruisseau qui baigne, à l'est, la haute colline de Saint-Léonard, que la Vienne contourne à l'ouest.

Le **Thaurion**, rivière très-abondante, le cède peu à la Vienne lorsqu'elle la rencontre à Saint-Priest-Thaurion, à 13 ou 14 kilomètres en amont de Limoges, par 232 mètres d'altitude. Sa largeur moyenne est alors de 45 mètres, à peu près celle de la Vienne, et les deux rivières réunies forment un cours d'eau qui a de 75 à 80 mètres entre leurs rives. Le Thaurion, dont le nom s'écrit également *Thorion* et *Torion*, naît, comme la Maulde, dans le département de la Creuse, sur le même plateau de Gentioux : il y passe près d'un chef-lieu d'arrondissement, Bourganeuf, et il y a presque tout son cours, qui est d'environ 100 kilomètres. Pendant les vingt et quelques kilomètres qu'il appartient au département de la Haute-Vienne, d'abord par la rive droite, puis par les deux rives, il ne baigne que des hameaux et de petits villages. Comme la Vienne, la Combade, la Maulde, et en général les rivières de ce pays, ses eaux, bien que très-limpides, sont noirâtres.

Le *Palais*, affluent de droite qui a son embouchure à mi-chemin du Thaurion à Limoges, passe sous un beau viaduc du chemin de fer de Limoges à Paris (hauteur, 34 mètres).

La *Valoine* ou *Valouène*, simple ruisseau, tombe dans la Vienne (rive gauche), à 2 kilomètres en aval de Limoges.

La *Briance*, longue de 55 à 60 kilomètres, est un tributaire de gauche. Née au pied du mont Gargan (731 mètres), elle coule vers le nord-ouest, par Saint-Vitte, Pierrebuffière, le

Vigen, Solignac, passe sous un célèbre viaduc du chemin de fer de Limoges à Brive (hauteur, 29 mètres) et tombe dans la Vienne par 200 mètres d'altitude. Cette rivière reçoit : la *Petite-Briance*, qui baigne le coteau de Saint-Germain-les-Belles; le *Blanzou* et la *Breuilh*, à Pierrebuffière; la *Roselle*, qui passe à Saint-Bonnet-la-Rivière; la *Ligoure*, qui se termine au pied de la côte escarpée qu'occupent les admirables ruines du château de Chalusset.

L'*Aurence*, qui, dit-on, roule des paillettes d'or, ce qui lui aurait valu son nom, descend des monts d'Ambazac, coule au sud-est, passe derrière Limoges et tombe dans la Vienne (rive droite), un peu au-dessus d'Aixe. Son cours est d'environ 30 kilomètres.

L'*Aixette*, affluent de gauche long de 25 à 30 kilomètres, naît dans le même massif que celui qui fournit à la Dronne ses premières eaux. Elle a son embouchure à Aixe.

La *Glane*, longue d'une quarantaine de kilomètres, est un affluent de droite; elle a son embouchure dans la banlieue de Saint-Junien. Née dans les hauteurs (400 mètres d'altitude) qui relient les monts d'Ambazac aux montagnes de Blond, elle baigne Nieul, Oradour, et fait mouvoir de nombreuses usines, notamment des papeteries. Sa largeur moyenne est d'environ 12 mètres.

La *Gorre*, tributaire de gauche, est à peu près aussi longue que la Glane; elle descend des hauteurs de Chalus, qui donnent aussi naissance à la Tardoire, passe à Saint-Laurent et tombe dans la Vienne à l'endroit même où cette rivière sort du département.

La *Graine*, affluent de gauche, a son cours supérieur dans la Haute-Vienne, où elle baigne Rochechouart et reçoit la *Vayre*, qui vient d'Oradour; elle a son cours inférieur dans le département de la Charente, et son embouchure dans la banlieue de Chabanais.

L'*Issoire*, née dans les montagnes de Blond, est une rivière d'environ 45 kilomètres, un tributaire de droite. Dans la Haute-Vienne, elle arrose Blond et coule près de Mézières; dans la

Château de Chalusset.

Charente, elle reçoit la *Marchadène* (qui a ses sources dans la Haute-Vienne) et gagne la Vienne à 5 kilomètres en aval de Confolens.

La *Blourd*, rivière de 40 à 45 kilomètres, qui a son embouchure sur la rive droite, en amont de Lussac-les-Châteaux (Vienne), ne touche point le département de la Haute-Vienne, mais deux de ses affluents y ont leurs sources : l'*Iseau* ou *Ysopt* et la *Franche-Doire*.

Le tributaire le plus considérable de la Vienne est la **Creuse**, rivière longue d'environ 250 kilomètres, qui donne son nom à un département.

La Creuse ne touche point la Haute-Vienne, — au point où elle s'en rapproche le plus, elle en est séparée par 15 ou 16 kilomètres à vol d'oiseau, — mais son plus grand affluent, la Gartempe, est l'une des principales rivières du département : de son bassin relèvent presque tout l'arrondissement de Bellac et une petite partie de celui de Limoges.

La **Gartempe** a 170 kilomètres de cours, dont près de la moitié dans la Haute-Vienne. Elle commence dans le département de la Creuse, au sud-sud-est de Guéret, dans des montagnes de 600 à 700 mètres d'altitude. Entrée dans la Haute-Vienne après un cours d'un peu plus de 50 kilomètres, elle continue d'y couler de l'est à l'ouest, jusqu'au point où, près de Bellac, elle tourne brusquement au nord, suivant ainsi les deux grandes directions de la Vienne, à laquelle elle est presque exactement parallèle. Elle passe sous le viaduc de Rocherolle, à Bessines, à Châteauponsac, à 4 kilomètres au nord de Bellac. De la Haute-Vienne, qu'elle quitte avec une largeur moyenne de 48 mètres, elle entre dans la Vienne, où elle arrose Montmorillon et se perd dans la Creuse à la Roche-Posay, après s'être encore augmentée de l'Anglin. Semblable à presque toutes les rivières de la Haute-Vienne (excepté la Combade, le Thaurion et la Vienne), elle n'est pas navigable sur le territoire du département, mais seulement flottable (les bois du port du Naveix à Limoges arrivent par le flottage et sont arrêtés par le bramier du pont Saint-Étienne).

La Gartempe reçoit dans le département l'Ardour, la Couse, la Semme, le Vincou, la Brame. Hors du département, elle recueille, par l'Anglin les eaux de la Benaize et de son affluent, la Lasse, et celles du Salleron.

L'*Ardour*, ruisseau large de 5 mètres, long de 30 kilomètres, a presque tout son cours dans la Creuse : il passe à 2 kilomètres au nord de Laurière et se perd à une petite distance en amont du viaduc de Rocherolle. — La *Couse*, ruisseau long de 40 kilomètres environ, large en moyenne de 5 mètres, descend des monts d'Ambazac et a son embouchure à 6 kilomètres au-dessous de Châteauponsac. —La *Semme*, née dans le département de la Creuse, au sud-est de la Souterraine, coule dans une vallée parallèle à celle de la Gartempe et peu éloignée au nord. Sa largeur moyenne est de 6 mètres, sa longueur de 50 kilomètres environ; elle passe à Fromental, au pied de la colline de Châteauponsac, à Villefavard, à Droux. — Le *Vincou*, principal tributaire de la Gartempe dans la Haute-Vienne, a 50 kilomètres de longueur, et, dans son cours inférieur, une largeur moyenne de 14 mètres. Né dans les monts d'Ambazac, il traverse de grands étangs, passe au nord de Nantiat et à Bellac : il reçoit le *Glayeulle* et la *Bazine*, celle-ci au pied du coteau de Bellac. — La *Brame*, longue de près de 60 kilomètres, a un cours constamment parallèle à celui de la Gartempe; elle coule donc de l'est à l'ouest. Elle commence dans le département de la Creuse, près de la Souterraine. Dans la Haute-Vienne, elle baigne Magnac-Laval, reçoit la *Vareille* et passe au nord du Dorat. — Le charmant *Anglin*, long de plus de 80 kilomètres, a son cours dans la Creuse, l'Indre et la Vienne; il ne touche point le département, mais sur une faible étendue il n'en est guère qu'à 2 kilomètres. Les rivières de son bassin qui coulent dans la Haute-Vienne sont la Benaize, la Lasse et le Salleron. La *Benaize*, cours d'eau de 60 kilomètres, vient de la Creuse : elle coule devant Saint-Sulpice-les-Feuilles et recueille la *Chaume* et la *Planche*. L'*Asse* (40 à 45 kilomètres), affluent de la Benaize, passe à Lussac-les-Églises. Le *Salleron* n'a dans le département que son cours tout à fait supérieur.

La **Gironde**, ce beau fleuve qui se jette dans l'Atlantique par un estuaire ayant jusqu'à 13 kilomètres de largeur, est formée par la **Garonne**, longue de 575 kilomètres dans un bassin de 5,600,000 hectares, et la **Dordogne**, longue de 490 kilomètres dans un bassin de 2,340,000 hectares. La Garonne passe à Toulouse et à Bordeaux; la Dordogne, à Bergerac et à Libourne. Avec l'estuaire, la longueur totale du fleuve est de 650 kilomètres, son bassin de 8,180,000 hectares, son débit moyen de 1,178 mètres cubes par seconde.

Ni la Garonne, ni la Dordogne, ne touchent le département de la Haute-Vienne, l'une et l'autre en passent même fort loin. Au point où elle en est le plus rapprochée, entre Bordeaux et le confluent de la Dordogne, la Garonne est à 125 kilomètres en ligne droite de la Haute-Vienne, et le point le moins éloigné du cours de la Dordogne, au-dessous de Bort, en est encore à 48 kilomètres à vol d'oiseau.

C'est par l'Isle, affluent principal de la Dordogne, que la Haute-Vienne envoie ses eaux à la Gironde.

L'**Isle**, rivière abondante de 235 kilomètres de cours, se perd dans la Dordogne à Libourne. Elle est navigable à partir de Périgueux, chef-lieu du département de la Dordogne. Elle n'a, dans la Haute-Vienne, qu'un parcours d'un peu plus de 25 kilomètres; elle y naît dans les collines au sud-est de Nexon. A son bassin appartiennent, sur le territoire de la Haute-Vienne, la Loue, la Boucheuse et la Dronne.

La *Loue*, longue de 60 kilomètres, traverse un grand nombre d'étangs; elle baigne Saint-Yricix. La *Boucheuse* ou *Mongibaut*, dont le cours dépasse 40 kilomètres, passe à 3 kilomètres au sud de Coussac-Bonneval. C'est l'**Auvézère**, nommée aussi à tort Haute Vézère, jolie rivière de 90 kilomètres de cours, qui porte ses eaux à l'Isle, en amont de Périgueux. — La **Dronne**, rivière très-claire, très-abondante en été, l'une des plus charmantes de France, tombe dans l'Isle au-dessous de Coutras, après un cours de 178 kilomètres dans la Haute-Vienne, la Dordogne et la Gironde. Dans la Haute-Vienne, elle n'a que sa source, sur les coteaux de la forêt de Lastours, hauts de

546 mètres, et vingt et quelques kilomètres de cours, formant en partie les limites de ce département avec celui de la Dordogne.

La **Charente**, fleuve bien inférieur à la Loire et à la Gironde, se perd dans l'océan Atlantique, au-dessous de Rochefort, après un cours extraordinairement sinueux de plus de 360 kilomètres, compris dans quatre départements, la Haute-Vienne, la Vienne, la Charente et la Charente-Inférieure : elle baigne Civrai, Angoulême, Cognac; Saintes, Rochefort. Navigable à partir d'Angoulême, mais surtout à Cognac et à Saintes, elle porte des vaisseaux de guerre à Rochefort, qui est un de nos cinq ports militaires.

Dans la Haute-Vienne, la Charente parcourt 10 kilomètres à peine, à partir de sa source dans la prairie de Chéronnac, au pied de collines de 319 mètres d'altitude maxima. Mais deub rivières de son bassin, la Tardoire et le Bandiat, y naissent aussi, et le premier de ces deux cours d'eau y a même un certain développement.

La **Tardoire** a 100 kilomètres de longueur, mais seulement dans les saisons de pluies exceptionnelles. Elle atteint alors la Charente près de Mansle; en temps ordinaire, ses eaux se perdent sur le territoire charentais dans les fissures de leur lit, en amont et en aval de la Rochefoucault, et ce sont ces pertes et celles du Bandiat qui vont former, à 7 kilomètres d'Angoulême, les trois sources de la Touvre, affluent de la Charente plus considérable au confluent que le fleuve lui-même. Ces sources sont, avec la fameuse fontaine de Vaucluse, les plus abondantes de la France entière. Dans le département de la Haute-Vienne, la Tardoire a près de la moitié de son cours complet, 45 à 50 kilomètres. Elle y naît un peu en amont de Chalus, au sein de collines dont la plus haute dépasse 500 mètres; elle y baigne Chalus, et passe au pied du talus escarpé qui porte les belles ruines du château de Lavauguyon. Ses eaux rapides sont teintées de rouge. Un de ses affluents, le *Trieux*, naît aussi dans le département : il coule au sud de Saint-Mathieu et passe dans la Dordogne.

2

Le *Bandiat*, un peu moins long (85 à 90 kilomètres) et moins abondant que la Tardoire, après avoir coulé dans la Haute-Vienne et la Dordogne, va se perdre sur le territoire du département de la Charente, dans les fentes d'un lit calcaire, en amont et en aval de Pranzac : il contribue ainsi à la formation de la Touvre. Dans la Haute-Vienne, où il commence à Marval, et au-dessus de la Chapelle-Montbrandeix, il a seulement 16 à 18 kilomètres de cours. Les deux branches se réunissent au-dessous de Pensol.

Il n'existe aucun lac dans la Haute-Vienne, mais les étangs y sont innombrables, comme dans tous les pays granitiques, dont le sol dur retient à la surface les eaux de pluie et les eaux de sources. La plus vaste de ces nappes d'eau, l'*étang de Cieux*, au pied méridional des montagnes de Blond, a 50 hectares : il en sort un ruisseau qui court vers la Glane.

IV. — Climat.

Si le climat d'un pays ne dépendait que de la latitude, la Haute-Vienne serait une contrée chaude, puisqu'elle est à peu près aussi voisine de l'Équateur que du Pôle. Mais la température d'une région dépend aussi de plusieurs autres causes et surtout de l'altitude et de la nature du sol, de l'éloignement ou de la proximité de la mer et de l'exposition des vallées. Plus une région est élevée au-dessus du niveau des océans, plus il y fait froid ; plus elle est composée de roches compactes, telles que le granit, qui ne laissent point filtrer les eaux sous le sol, plus l'air y est froid en même temps qu'humide ; enfin, plus elle est éloignée de la mer, qui a le privilége d'adoucir et d'égaliser les températures, plus son climat est froid en moyenne, plus il est exposé à des variations brusques ; plus il est glacial en hiver, torride en été. Or, le département de la Haute-Vienne est un pays élevé, composé de roches dures, éloigné de la mer, et ses vallées sont pour la plupart tournées vers le nord-ouest ou vers le nord : aussi c'est l'un des départements les moins chauds de la France. Les hivers y sont parfois d'une rigueur excessive et d'une grande longueur, avec des froids de douze, quinze et seize degrés au-dessous de zéro, même à Limoges, qui n'est qu'à 260 mètres de hauteur, c'est-à-dire au-dessous de l'altitude moyenne du pays.

La température s'adoucissant en même temps que l'altitude baisse, l'ouest du département, vers Rochechouart et Saint-Junien, possède le meilleur climat de la Haute-Vienne. Vient ensuite l'arrondissement de Bellac, qui, malgré les montagnes de Blond et les monts d'Ambazac, est à une altitude moindre que les arrondissements de Limoges et de Saint-Yrieix. Ainsi l'est du département, d'où descendent les eaux, en est la portion la plus froide.

En somme, par suite de la hauteur et de la composition de son sol, le département de la Haute-Vienne appartient au climat froid, extrême, qui a reçu le nom de *climat auvergnat* ou de *climat limousin*, et qui règne sans partage sur tout le Plateau central.

Si toute la pluie tombée dans l'année restait sur le sol sans filtrer sous terre et sans s'évaporer dans l'air, à la fin de l'année Limoges aurait une hauteur d'eau moyenne de 93 centimètres, c'est-à-dire supérieure à la moyenne de la France, qui n'est que de 77 centimètres. Dans les montagnes du nord-est, à l'est, au sud-est de Limoges, la hauteur d'eau annuelle doit être plus élevée qu'au chef-lieu.

V. — Curiosités naturelles.

Les *beautés naturelles* abondent dans la Haute-Vienne : ses ravissantes vallées, ses jolis vallons, ses étangs ombragés, ses collines boisées, ses roches gazonnées, ont fait comparer le Limousin à l'Écosse, et, en effet, ces deux régions offrent d'innombrables paysages d'un charme mélancolique. Mais les *curiosités naturelles*, dans le sens attaché à ce mot, y sont rares. Il manque à la Haute-Vienne les hautes montagnes et la mer ; il lui manque aussi les roches calcaires, si riches en cassures, en fissures, en effondrements, en gouffres, en grottes, en grandes fontaines. Aussi ne faut-il chercher, dans cette partie du Limousin, ni cavernes, ni sources considérables, ni précipices, ni glaciers, et même, malgré l'extraordinaire abondance des eaux, ni cascades vraiment dignes de ce nom.

VI. — Histoire.

Le département de la Haute-Vienne faisait partie, sous l'ancien régime, de la province du *Limousin*, il en était même la partie essentielle. Son chef-lieu, Limoges, s'appelait jadis *Augustoritum*. Les premiers peuples de la contrée furent les *Lemovices*. La confédération des Lemovices était une des plus puissantes de la Gaule Celtique, et César nomme dans ses Commentaires le chef de ce peuple, *Sedulius*, qui périt au siége d'Alise.

Sous la domination romaine, la cité des Lemovices fut réunie à l'Aquitaine : elle s'enrichit de monuments dont les archéologues retrouvent encore quelques traces, et des voies romaines établirent avec le reste du pays des communications si faciles que la tradition place au premier siècle de l'ère chrétienne la prédication de l'Évangile à Limoges. L'apostolat de *saint Martial*, qui serait un contemporain des disciples du Sauveur, a donné lieu à de savantes discussions : l'antiquité de l'Église de Limoges a été même affirmée par plusieurs conciles du moyen âge, malgré l'autorité desquels il est permis de croire, d'après le texte de saint Grégoire de Tours, que cette Église ne remonte pas au delà du troisième siècle, époque de la grande mission des sept évêques envoyés par le pape Fabien.

Dans les désordres qui marquèrent la fin de l'empire romain, le pays des Lemovices n'échappa point aux ravages des barbares. Les Wisigoths établis dans l'Aquitaine étendirent jusque-là, sous le roi Euric, leur domination. Les Francs vinrent ensuite avec Clovis, et la soumission du Limousin fut un des premiers résultats de la victoire de Vouillé en 507 sur le roi des Wisigoths, Alaric II. C'est dans ce siècle (560) que le fils d'un comte d'Aquitaine, *Aredius* ou saint Yrieix, fonda un monastère qui est devenu la ville actuelle de Saint-Yrieix, où son culte et son nom se sont perpétués. Vers la même époque, saint Léonard établit à Noblac le monastère autour duquel s'est formée la ville de Saint-Léonard. Sous les rois mérovingiens, Limoges se fit connaître par ses ouvrages d'orfévrerie et ses ateliers de monnaie. Suivant le rapport de saint

Abside de l'église de Saint-Léonard.

Ouen, saint Éloi fut placé, dès ses premières années, sous la discipline d'Abbon, maître de la monnaie de Limoges, preuve que la fabrication des monnaies était en activité dans cette ville, dont un quartier porte encore le nom de Monnaie. Saint Éloi créa aussi un atelier d'orfévrerie à l'abbaye de Solignac, qu'il avait fondée, et en donna la direction à saint Remacle qui, plus tard, devint évêque de Maestricht. La réputation de Limoges, que s'étaient maintes fois disputée les fils de Clovis et de Clotaire, ne pouvait manquer d'attirer les Arabes. Ils ne firent cependant que paraître dans le Limousin, car Charles Martel, par la victoire de Poitiers, délivra presque aussitôt le centre de la Gaule ; quelques bandes seules se maintinrent dans les parties les plus reculées du Limousin, et la tradition attribue à ces Sarrasins la fondation de la ville d'*Eymoutiers* ou *Aimoutiers*, dont plusieurs maisons anciennes rappellent l'architecture arabe.

Le Limousin était revenu à l'Aquitaine, et c'est à Limoges qu'Eudes avait, le premier, reçu la couronne ducale et l'anneau de sainte Valérie. Les ducs d'ailleurs, partant en guerre, allaient prendre processionnellement la bannière de Saint-Martial. Mais l'Aquitaine, malgré la résistance opiniâtre de Hunald et de Waïfre, tomba définitivement sous la domination des Francs, qui respectèrent pourtant l'autonomie de cette contrée. Louis le Débonnaire, fils de Charlemagne, reçut le royaume d'Aquitaine, que gouvernaient, sous sa haute autorité, des *comtes* placés dans les villes, notamment à Limoges. Mais les faibles successeurs de Charlemagne ne savaient point même défendre le pays contre les incursions des pirates, et Limoges, tant de fois dévastée depuis les invasions du cinquième siècle, fut presque détruite en 846 par les Normands. Louis le Bègue, Carloman, puis le chef de la nouvelle famille qui allait bientôt remplacer les Carlovingiens, Eudes de France, ne négligèrent point toutefois de venir se faire couronner rois d'Aquitaine dans la ville de Limoges, qui s'efforçait, après chaque désastre, de renaître de ses ruines. En 876, Eudes établit à Limoges le premier vicomte, *Aldebert*, de la maison de Ségur.

Il y a eu quatre races de vicomtes de Limoges : 1° ceux de la maison de Ségur (876-1130) ; 2° ceux de la maison de Comborn (1130-1263), dont l'héritière, Marie, fille du vicomte Gui VI, épousa en 1275 Arthur, comte de Richemont, fils de Jean II, duc de Bretagne ; 3° la troisième race, dite de Bretagne, qui eut pour chef Arthur ; 4° les vicomtes de la maison de Blois (1341-1470). Françoise de Blois, dernier rejeton des vicomtes de Limoges, épousa, en 1470, Alain, sire d'Albret. Son successeur et petit-fils, Henri d'Albret, roi de Navarre, mort en 1555, n'eut qu'une fille, Jeanne d'Albret, mariée en 1548 avec Antoine de Bourbon. Henri IV, né de ce mariage, réunit la vicomté de Limoges à la Couronne en 1589. Les vicomtes firent, à partir du treizième siècle, leur résidence habituelle du château de Chalusset, dont on voit encore aujourd'hui les belles ruines.

L'autorité des vicomtes ne s'étendait que sur la ville même et sur un territoire assez borné : au-dessus d'eux se trouvait le

Abbaye de Solignac.

comte, qui, avec les comtes d'Auvergne et de Poitiers, était vassal des ducs d'Aquitaine, devenus eux aussi inamovibles et héréditaires. C'est à l'époque où s'organisait ainsi dans la contrée le système féodal, qu'on place (977) l'établissement de marchands vénitiens à Limoges, où ils firent bâtir une partie du faubourg Saint-Martial. Ces marchands, qui réveillèrent l'activité commerciale, faisaient un grand trafic d'épiceries et d'étoffes du Levant.

Vers 1076, Étienne de Muret, fils d'un vicomte de Thiers, fondait à Grandmont une abbaye célèbre, qui devint la maison-mère d'un ordre religieux répandu dans toute la France.

Les montagnes d'Auvergne où avait retenti le cri de la première croisade : *Dieu le veut!* étaient trop voisines du Limousin pour que les seigneurs de ce pays ne fussent pas des premiers à se laisser entraîner par l'enthousiasme général. Aimeric de Rochechouart prit la croix avec Geoffroy ou Gouffiers de Lastours et quelques seigneurs du bas Limousin, entre autres Raymond de Turenne (1095). On signale Aimeric comme ayant monté le premier, à la tête de ses Limousins, sur les remparts de Marrah, petite ville voisine d'Antioche (1098). En 1100, Guillaume IX, duc d'Aquitaine, prince et troubadour, prit la croix à Limoges et partit à la tête d'une armée considérable; mais tous ses vaisseaux périrent dans une tempête, et une faible partie de son armée s'échappa. En 1145, Geoffroy de Rancon et beaucoup d'autres seigneurs firent vœu de suivre Louis VII dans la seconde croisade.

Louis VII était devenu maître du Limousin par son mariage avec Éléonore d'Aquitaine. Son divorce en 1152 détacha de nouveau l'Aquitaine et le Limousin, qui passèrent, par suite du second mariage d'Éléonore, à la maison d'Anjou, bientôt souveraine de l'Angleterre. Le Limousin devint alors le théâtre de nombreuses guerres entre le roi anglais Henri II et ses fils. Il fut ravagé par les *brabançons*, les *paillers*, les *cottereaux*. On sait que Richard Cœur-de-Lion périt sous les murs du château de Chalus. Il voulait s'emparer de ce château où existait, dit-on, un trésor découvert par le vicomte Adhémar. C'était, selon les chroniques du temps, plusieurs statues d'or massit représentant le proconsul Lucius Capreolus avec toute sa famille. Quoi qu'il en soit de la vérité de cette tradition, Richard accourut, pendant une trêve qu'il avait conclue avec Philippe Auguste, et, toujours insouciant du danger, s'exposa si bien qu'il fut frappé d'une flèche (1199).

La mort de Richard Cœur-de-Lion eut de graves conséquences. Philippe Auguste, profitant des fautes et des crimes

Limoges.

du frère de Richard, Jean Sans-Terre, confisqua (1204) les provinces anglaises du continent, et le Limousin redevint français. Toutefois saint Louis crut sage et habile de rendre à Henri III une partie de la Guienne dans laquelle le Limousin se trouva compris. Ces vicissitudes n'empêchaient point le pays de rester, au fond, animé de sentiments français et, dans la désastreuse guerre de Cent-Ans, les seigneurs du Limousin combattirent en foule dans les rangs de nos armées. A Poitiers, périrent *Jean de Maumont*, *Robert de Chalus*, *Jean de Brie*, *Gautier de Montagut*. Les sires *de Rochechouart*, *de Pierrebuffière*, *de Lastours*, furent pris avec le roi Jean. Cédé aux Anglais par le traité de Brétigny, repris par Charles V, le Limousin lutta vaillamment pour échapper à la domination étrangère. Aussi, en 1370, la cité de Limoges, livrée au roi de France par l'évêque Jean de Crose, qui avait mission de la garder pour Édouard de Galles, éprouva-t-elle les terribles effets de la colère du prince Noir qui, ayant pu la reprendre, fit faire un massacre épouvantable des habitants. Il donna cependant la vie sauve aux trois chevaliers qui défendaient la cité; il épargna l'évêque Jean de Crose, qui l'avait trahi; il fit respecter l'abbaye de la Règle, et, sur la prière des habitants du Château qui lui étaient restés fidèles, il accorda aux habitants de la cité la faculté de se racheter.

Limoges se releva lorsqu'elle fut redevenue, sous Charles VII, une cité française. Elle reprit bientôt son ancienne importance et garda, malgré une réforme momentanée de Louis XI, son gouvernement local de douze consuls élus, qui en faisait une sorte de république. Limoges n'avait pas cessé d'être une ville industrielle et artistique : ses émaux jouissaient d'une grande renommée par toute l'Europe, et la Renaissance, en réveillant partout le goût du beau, ne fit qu'augmenter la célébrité des artistes de Limoges. *Léonard Limosin* reçut de Francois Ier le titre de *peintre émailleur ordinaire* de la chambre du roi. C'est aussi vers cette époque qu'on place la première représentation des *Mystères*, à Limoges, sous les arbres de l'abbaye de Saint-Martial (1521).

Les funestes guerres de religion vinrent encore arrêter la prospérité du Limousin. Quoique ce pays eût accueilli froidement les Calvinistes, il fut cependant mêlé aux guerres civiles, car il appartenait à Jeanne d'Albret, mère de Henri IV, vicomtesse de Limoges en même temps que reine de Navarre. Au pied de la colline où s'élèvent les restes du château de la *Roche-l'Abeille*, on montre encore le champ de bataille où l'armée de Coligny, réunie à celle du duc de Deux-Ponts, attaqua et défit en 1569 l'armée royale commandée par le duc d'Anjou et par Philippe de Strozzi. En 1591, la ville de Bellac soutint un siége de trois semaines contre le vicomte de la Guierche, gouverneur du Poitou pour la Ligue.

La paix fut rétablie par Henri IV, qui était de par sa naissance vicomte de Limoges. Il vint dans cette ville en 1605 et réunit solennellement la vicomté à la Couronne. Province centrale, le Limousin fut désormais à l'abri des guerres qui désolèrent les provinces frontières. Le travail le rendit prospère. En 1765, une importante découverte vint ajouter à ses richesses naturelles et stimuler son antique industrie. Au clos de Barre, près de Saint-Yrieix, un chirurgien de cette ville, Darnay (d'aucuns écrivent Darnet), découvrit le kaolin ou terre à porcelaine. Un pharmacien de Bordeaux, de Villaret, vérifia la découverte et obtint la récompense due au véritable inventeur, qui, toutefois, fut dédommagé dans la suite. En 1768, le célèbre Macquer introduisit le kaolin à la manufacture de Sèvres, et, en 1772, la première manufacture de Limoges fut créée par MM. Massié, Fourneyra et Grellet frères, sous la protection de Turgot.

Turgot en effet administra pendant douze ans le Limousin comme intendant avec une hardiesse et une sagesse étonnantes : il avait appliqué à une province les réformes qu'il devait plus tard essayer, comme ministre de Louis XVI, d'étendre à la France entière. C'est à lui, en réalité, que s'arrête l'histoire provinciale de ce pays, qui se trouva alors en avance sur les autres, car Turgot répartit plus également la *taille* (à la fois impôt personnel et réel) entre les habitants, abolit les corvées, répara les anciennes routes, créa cent soixante lieues de routes nouvelles, détruisit les entraves apportées à la libre circulation et créa une province modèle qu'il aurait suffi de copier pour ne pas rendre la Révolution nécessaire.

VII. — Personnages célèbres.

Septième siècle. — SAINT ÉLOI, né en 588, au bourg de Chaptelat, à 10 kilomètres de Limoges ; orfévre de Clotaire II, conseiller de Dagobert Ier, évêque de Noyon et de Tournai. Mort en 659. Il fonda, dans le Limousin, l'abbaye de Solignac.

Onzième siècle. — ADÉMAR DE CHABANNES, moine de Saint-Martial, puis religieux à Saint-Cybard d'Angoulême, historien, né à Chabannes, près de Châteauponsac, en 988, mort en 1034. Il a laissé plusieurs manuscrits très-précieux pour l'histoire du Limousin et notamment le : *Chronicon Ademari seu Adelmi Chabanensis, S. Martialis Lemovic. deindè S. Eparchii Eugolism. monachi, ab anno præcipuè* 829 *ad annum* 1029. Cet ouvrage est reproduit dans Labbe, *Bibl. nova* et dans la *Collection des historiens de France.*

Treizième siècle. — BERNARD GUIDONIS, évêque de Lodève, poëte et historien, né vers 1260 au village de Royère, près de la Roche-l'Abeille. Il a laissé un catalogue des papes jusqu'à Jean XXII et un autre des évêques de Limoges.

Quatorzième siècle. — Le B. LAMY, né à Limoges en 1305, nommé évêque de Chartres par Clément VI, et patriarche de Jérusalem par Innocent VI. Il mourut à Montpellier en 1360.

Seizième siècle. — JEAN DESMONTIERS DU FRAISSE, évêque de Bayonne, chargé de nombreuses ambassades sous François Ier. — MARC-ANTOINE MURET, né en 1526, au village du même nom, à trois lieues de Limoges ; un des grands savants de son temps. Il reçut le titre d'*orateur des papes.* — JEAN DORAT, né à Limoges en 1503, poëte célèbre, attaché à la cour de Charles IX, avec le titre de poëte du roi. — LÉONARD LIMOSIN, PIERRE COURTEIS, PIERRE PÉNICAUD, JEHAN PÉNICAUD, JEHAN

COURT dit VIGIER, PIERRE RAYMOND, JEAN RAYMOND, MARTIAL RAYMOND, célèbres émailleurs limousins.

Dix-septième siècle. — GABRIEL NICOLAS DE LA REYNIE, lieutenant général de police sous Louis XIV, né à Limoges en 1624, mort à Paris en 1707. Ce fut lui qui organisa d'une façon sérieuse le service d'ordre de la ville de Paris, établit le guet, l'éclairage des rues, etc. — Les trois LÉONARD LIMOSIN, FRANÇOIS LIMOSIN, JEHAN LIMOSIN, JACQUES LAUDIN, l'aîné; NICOLAS LAUDIN, les deux NOËL LAUDIN, HÉLIE POUCET, JACQUES NOUALHIER, PIERRE NOUALHIER, célèbres émailleurs limousins.

Dix-huitième siècle. — J.-B. DE SAINTE-AULAIRE, poëte et académicien, mort en 1742. — CLAUDE-ALEXANDRE DE BONNEVAL (ACHMET-PACHA), né au château de Coussac, près de Saint-Yrieix en 1765, officier général qui passa en Turquie et y devint *pacha* et *chef des bombardiers;* il mourut à Scutari d'Asie en 1747. — HENRI-FRANÇOIS D'AGUESSEAU, né à Limoges en 1668, procureur général, chancelier en 1717, et l'un de nos grands magistrats. Il a laissé des *Mercuriales* ou discours célèbres. Mort en 1751. Une plaque de marbre est placée sur la maison où il naquit, rue du Consulat. — Les abbées NADAUD (1712-1775) et LEGROS (1744-1811), tous les deux nés à Limoges, auteurs de nombreux ouvrages manuscrits sur l'histoire du Limousin, dont la bibliothèque du grand séminaire de Limoges possède la plus grande partie. Les plus importants de ces ouvrages sont : *Histoire du Limousin; Pouillé du diocèse; Nobiliaire du Limousin; Vie des Saints du Limousin*, etc. — VERGNIAUD (PIERRE-VICTURNIEN), né à Limoges en 1753, orateur célèbre des assemblées de la Révolution; mort sur l'échafaud en 1793. — VENTENAT (ÉTIENNE-PIERRE), botaniste distingué, né à Limoges en 1757, mort en 1808.

Dix-neuvième siècle. — TABARAUD (MATHIEU-MATHURIN), prêtre de l'Oratoire, né à Limoges (1744-1832). Savant canoniste, gallican, polémiste infatigable, réfugié en Angleterre en 1792, il y rédigea le *Times* pendant dix ans. Il a publié de nombreux ouvrages sur *l'Élection* et *l'Institution des Évêques*, la *Distinction entre le contrat et le sacrement de mariage*, le

Philosophisme anglais, la *Réunion des communions chrétiennes*, les *Jésuites*, etc. — FOUCAUD (JEAN), dominicain, puis jacobin révolutionnaire, né à Limoges (1747-1818). Poëte patois, dont les imitations patoises des fables de La Fontaine et les chansons sont très-populaires. — JOURDAN (JEAN-BAPTISTE), maréchal de France, né à Limoges (1762-1833), le vainqueur de Fleurus, de Jemmapes et d'Aldenhoven. — GAY-LUSSAC, né à Saint-Léonard (1778-1850), une des gloires de la chimie et de la physique. — DUPUYTREN, chirurgien et professeur célèbre, né à Pierrebuffière en 1777, mort à Paris en 1835. Il a fait faire à la chirurgie des progrès étonnants et demeure le chef de l'école française du dix-neuvième siècle. Une statue lui a été élevée par souscription à Pierrebuffière. — BUGEAUD DE LA PICONNERIE (THOMAS-ROBERT), maréchal de France, né à Limoges (1784-1849), le vainqueur d'Isly.

VIII. — Population, langue, culte, instruction, etc.

La *population* de la Haute-Vienne s'élève, d'après le recensement de 1876, à 336,061 habitants (168,327 du sexe masculin, 167,734 du sexe féminin). A ce point de vue, c'est le cinquante et unième département. Le chiffre des habitants divisé par celui des hectares donne environ 59 habitants par 100 hectares ou par kilomètre carré ; c'est ce qu'on nomme la *population spécifique*. La France entière ayant 68 à 69 habitants par kilomètre carré, il en résulte que la Haute-Vienne renferme, à surface égale, 9 à 10 habitants de moins que l'ensemble de notre pays.

Depuis 1801, date du premier recensement officiel, la Haute-Vienne a gagné 90,911 habitants.

Le Limousin a eu sa langue propre, idiome original formé du latin, du celtique et de quelques mots grecs. Au moyen âge, la langue limousine a eu ses troubadours comme la langue provençale. Introduite en Espagne dès le commencement du treizième siècle, elle n'est plus guère parlée aujourd'hui que dans ce pays, où des transformations successives l'ont défigurée. Dans la Haute-Vienne, ce n'est plus qu'un patois dégénéré, parlé par toute la population conjointement avec le français.

Presque tous les habitants de la Haute-Vienne sont catholiques.

Le nombre des *naissances* a été en 1875 de 11,198 (dont 451 mort-nés); celui des *décès*, de 7795; celui des *mariages*, de 5194.

La *vie moyenne* est de 30 ans 6 mois.

Le *lycée* de Limoges a compté, en 1876, 439 élèves; les *colléges communaux* de Saint-Junien, Eymoutiers et Saint-Yrieix, 210; les *institutions secondaires libres*, 481; les *écoles primaires*, 37,496; les *salles d'asile*, 2200.

La statistique criminelle de 1874 donne les chiffres suivants:

Nombre d'accusés dans le ressort de la Cour d'appel de Limoges: 2,404.

Proportion des accusés du département de la Haute-Vienne par 100,000 habitants: 9.

Nombre des inculpés contre lesquels les 79 tribunaux de simple police du ressort ont rendu des jugements: 6,609.

Nombre des suicidés en 1874: 31 (25 hommes, 6 femmes).

IX. — Divisions administratives.

Le département de la Haute-Vienne forme, avec celui de la Creuse, le diocèse de Limoges (suffragant de Bourges). — Il ressortit: au 12e corps d'armée (Limoges); — à la cour d'appel de Limoges; — à l'Académie de Poitiers; — à la 16e légion de gendarmerie (Limoges); à la 15e inspection des ponts et chaussées; — à la vingt-huitième conservation des forêts (Aurillac); — à l'arrondissement minéralogique de Périgueux (division du Centre); — à la 4e région agricole (Ouest). — Il comprend 4 arrondissements (Bellac, Limoges, Rochechouart, Saint-Yrieix), 27 cantons, 203 communes.

Chef-lieu du département: LIMOGES.

Chefs-lieux d'arrondissement: BELLAC, LIMOGES, ROCHECHOUART, SAINT-YRIEIX.

Arrondissement de Bellac (8 cant., 65 comm., 80,750 h., 177,741 hect.).

Canton de Bellac (6 com., 10,333 h., 18,563 hect.). — Bellac — Blanzac — Blond — Peyrat-de-Bellac — Saint-Bonnet-de-Bellac — Saint-Junien-les-Combes.

Canton de Bessines (6 com., 8,814 h., 15,763 hect.). — Bessines — Folles — Fromental — Morterolles — Razès — Saint-Pardoux.

Canton de Châteauponsac (6 com., 9021 h., 17,742 hect.). — Balledent — Châteauponsac — Rancon — Saint-Amand-Magnazeix — Saint-Priest-le-Betoux — Saint-Sornin-Leulac.

Canton du Dorat (12 com., 11,783 h., 29,935 hect.). — Azat-le-Riz — Bazeuge (La) — Croix (La) — Darnac — Dinsac — Dorat (Le) — Oradour-Saint-Genest — Saint-Ouen — Saint-Sornin-la-Marche — Tersannes — Thiat — Verneuil-Moustiers.

Canton de Magnac-Laval (6 com., 9811 h., 22,092 hect.). — Dompierre — Droux — Magnac-Laval — Saint-Hilaire-la-Treille — Saint-Léger-Magnazeix — Villefavard.

Canton de Mézières (9 com., 10,324 h., 27,974 hect.). — Bussière-Boffy — Bussière-Poitevine — Gajoubert — Mézières — Montrol-Sénard — Mortemart — Nouic — Saint-Barbant — Saint-Martial.

Canton de Nantiat (11 com., 10,990 h., 24,186 hect.). — Berneuil — Breuilaufa (Le) — Buis (Le) — Chamboret — Cieux — Compreignac — Nantiat — Roussac — Saint-Symphorien — Thouron — Vaulry.

Canton de Saint-Sulpice-les-Feuilles (9 com., 9,674 h., 23,103 hect.). — Arnac-la-Poste — Chézeaux (Les) — Cromac — Jouac — Lussac-les-Églises — Mailhac — Saint-Georges-les-Landes — Saint-Martin-le-Mault — Saint-Sulpice-les-Feuilles.

Arrondissement de Limoges (10 cant., 81 com., 161,164 h., 203,409 hect.).

Canton d'Aixe (10 com., 12,994 h., 19,155 hect.). — Aixe — Beynac — Bosmie — Burgnac — Jourgnac — Saint-Martin-le-Vieux — Saint-Priest-sous-Aixe — Saint-Yrieix-sous-Aixe — Séreilhac — Verneuil-sur-Vienne.

Canton d'Ambazac (7 com., 9,590 h., 19,405 hect.). — Ambazac — Beaune — Billanges (Les) — Bonnac — Rilhac-Rancon — Saint-Laurent-les-Églises — Saint-Priest-Thaurion.

Canton de Châteauneuf (10 com., 11,294 h., 23,094 hect.). — Châteauneuf — Croisille (La) — Linards — Masléon — Neuvic-Entier — Roziers-Saint-Georges — Saint-Gilles-les-Forêts — Saint-Méard — Sudoux — Sussac.

Canton d'Eymoutiers (11 com., 15,835 h., 36,967 hect.). — Augne — Beaumont — Bujaleuf — Domps — Eymoutiers — Nedde — Peyrat-le-Château — Rempnat — Saint-Amand-le-Petit — Sainte-Anne-Saint-Priest — Saint-Julien-le-Petit.

Canton de Laurière (7 com., 9480 h., 16,569 hect.). — Bersac — Jabreilles — Jonchère (La) — Laurière — Saint-Léger-la-Montagne — Saint-Sulpice-Laurière — Saint-Sylvestre.

Canton de Limoges (*Nord*) (4 com., 41,015 h., 10,494 hect.). — Couzeix — Isle — Limoges (Nord) — Palais (Le).

Canton de Limoges (*Sud*) (8 com., 30,362 h., 16,504 hect.).— Aureil — Condat — Feytiat — Limoges (Sud) — Panazol — Saint-Just — Solignac — Vigen (Le).

Canton de Nieul (6 com., 7,124 h., 15,158 hect.). — Chaptelat — Nieul — Peyrilhac — Saint-Gence — Saint-Jouvent — Veyrac.

Canton de Pierrebuffière (9 com., 8,807 h., 20,525 hect.). — Boisseuil — Eyjeaux — Pierrebuffière — Saint-Bonnet-la-Rivière — Saint-Genest — Saint-Hilaire-Bonneval — Saint-Jean-Ligoure — Saint-Maurice-les-Brousses — Saint-Paul.

Canton de Saint-Léonard (10 com., 13,765 h., 25,210 hect.). — Champnétery — Châtenet-en-Dognon (Le) — Eybouleuf — Geneytouse (La) Moissannes — Royères — Saint-Denis-des-Murs — Saint-Léonard — Saint-Martin-Terressus — Sauviat.

Arrondissement de Rochechouart (5 cant., 30 com., 50,502 h., 79,845 hect.).

Canton d'Oradour-sur-Vayres (5 com., 8,609 h., 12,210 hect.). — Champagnac — Champsac — Cussac — Oradour-sur-Vayres — Saint-Bazile.

Canton de Rochechouart (5 com., 8,602 h., 13,984 hect.). — Chéronnac — Rochechouart — Salles-Lavauguyon (Les) — Vayres — Videix.

Canton de Saint-Junien (7 com., 15,677 h., 19,941 hect.). — Chaillac — Javerdat — Oradour-sur-Glane — Saint-Brice — Saint-Junien — Saint-Martin-de-Jussac — Saint-Victurnien.

Canton de Saint-Laurent-sur-Gorre (6 com., 8,236 h., 14,795 hect.). — Cognac — Gorre — Saint-Auvent — Saint-Cyr — Sainte-Marie-de-Vaux — Saint-Laurent-sur-Gorre.

Canton de Saint-Mathieu (7 com., 9,378 h., 18,348 hect.). — Chapelle-Montbrandeix (La) — Dournazac — Maisonnais — Marval — Milhaguet — Pensol — Saint-Mathieu.

Arrondissement de Saint-Yrieix (4 cant., 27 com., 43,645 h., 98,809 hect.).

Canton de Chalus (7 com., 8,505 h., 15,779 hect.). — Bussière-Galant — Cars (Les) — Chalus — Flavignac — Lavignac — Pageas — Saint-Nicolas.

Canton de Nexon (8 com., 10,581 h., 21,953 hect.). — Janailhac — Meilhac — Meyze (La) — Nexon — Rilhac-Lastours — Roche-l'Abeille (La) — Saint-Hilaire-Lastours — Saint-Priest-Ligoure.

Canton de Saint-Germain-les-Belles (8 com., 11,358 h., 27,278 hect.). — Château-Chervix — Glanges — Magnac-Bourg — Meuzac — Porcherie (La) — Saint-Germain-les-Belles — Saint-Vitte — Vicq.

Canton de Saint-Yrieix (4 com., 13,201 h., 25,464 hect.). — Chalard (Le) — Coussac-Bonneval — Ladignac — Saint-Yrieix.

X. — Agriculture.

Sur les 547,934 hectares de la Haute-Vienne, on compte en nombres ronds :

1° PRINCIPALES PRODUCTIONS AGRICOLES.

Céréales,	Froment	36,863,72	
—	Méteil	1,000,00	
—	Seigle	65,558,00	
—	Orge	446,50	149,104,52 hect.
—	Sarrasin	35,445,45	
—	Maïs et millet	2,330,85	
—	Avoine	7,460,00	
Farineux,	légumes secs	1,816,50	
—	Pommes de terre	22,092,82	58,637,55 —
—	Châtaignes	34,728,23	
Cultures diverses, betteraves			2,095,00 —

2° PRODUCTIONS INDUSTRIELLES RÉSULTANT DE LA RÉCOLTE.

Chanvre	2,454,67	
Lin	275,60	
Colza	1,873,00	4,604,66 —
Œillet, navette, cameline	1,39	

3° VIGNE . . . . 2,178,20 —

Le reste se partage entre les étangs, les emplacements de villes, de bourgs, de villages, fermes, les surfaces prises par les routes, les chemins de fer, les cimetières, etc.

On compte dans le département de la Haute-Vienne : 7,466 chevaux, de race limousine, élégants et robustes, recherchés pour la remonte; 950 mulets, exportés en Espagne; 4,613 ânes; 20,434 bœufs, de belle race, contribuant beaucoup à l'approvisionnement de Paris; 538,244 moutons (on estime surtout les moutons gras du Dorat); 108,170 porcs, 26,287 chèvres, 28,399 ruches d'abeilles, 407,000 volailles et plus de 32,000 chiens. La production totale de la laine s'est élevée en 1875 à 362,698 kilogrammes; celle du suif, à 54,818 kilogrammes.

La Haute-Vienne, malgré les progrès qu'elle a réalisés depuis quelques années, est un pays peu productif. L'agriculture y est reléguée dans les vallées, où l'on ne récolte que du froment en petite quantité, du seigle, du sarrasin, des pommes de terre, des légumes, de l'orseille et du chanvre. Le pays offre un ensemble de collines généralement arides, aux formes presque toujours arrondies, tantôt nues ou couvertes seulement de landes et de bruyères, tantôt boisées de hêtres, de charmes, de chênes, de bouleaux et surtout de **châtaigniers.** La châtaigne est le fruit caractéristique du Limousin, comme la pomme celui de la Normandie ; elle remplace les céréales et sert, avec la pomme de terre et la rave, de nourriture exclusive à la plupart des habitants des campagnes pendant une grande partie de l'année. Le châtaignier est cultivé principalement sur les coteaux, dans la partie du département d'altitude moyenne. Toutefois on détruit chaque jour les châtaigneraies pour la culture des céréales.

Il existe dans la Haute-Vienne d'assez belles prairies le long des ruisseaux et environ 2,000 hectares de vigne produisant des vins ordinaires de quatrième qualité et surtout des vins communs. — Limoges possède plusieurs pépinières. — A Chavaignac, près de Nieul, existe une ferme-école. — Le loup et le sanglier se rencontrent encore dans les bois du Limousin.

XI. — Industrie.

La Haute-Vienne, formée de terrains primitifs, où le granit, le mica et le gneiss se montrent souvent à nu, est riche en produits minéraux : serpentine de la Roche-l'Abeille ; granit à mica argentin et gneiss à grains fins ; amianthe des carrières d'Aixe ; pierres précieuses ; quartz reproduisant dans leurs cristallisations prismatiques les couleurs de l'arc-en-ciel ; grenats rouges et noirs dans les roches du Vigen ; filon d'émeraude à Chanteloube, hameau célèbre parmi les minéralogistes. « Aux environs de Chanteloube, dit M. Lecler (*Monographie du canton de Bessines*), une variété de roche est encaissée dans le granit à gros grains : c'est l'argilophyre de Brongniart, ou porphyre argiloïde de Cordier. Les filons de cette substance ont une épaisseur de 1 à 2 mètres. Les couleurs de l'argilophyre sont le brun rougeâtre, le brun grisâtre et quelquefois verdâtre. L'odeur argileuse qu'on en dégage par l'insufflation décèle la nature de la pâte, plus compacte que grenue. En l'examinant à la loupe, on y reconnaît de petits cristaux de feldspath et quelques cristaux de pinite encore plus petits. Cette roche se divise en petites masses amorphes, à surface plane et à arêtes droites, à la manière des basaltes. Ces masses atteignent rarement un volume de plus de 10 décimètres cubes. Dans quelques parties du filon, la roche est désagrégée mais non décomposée. La roche désagrégée se réduit en poudre qui ne s'agglutine point dans l'eau à l'état pâteux. La roche non altérée est susceptible de recevoir un assez beau poli. On pourrait en façonner des serre-papier et autres menus objets d'un effet agréable. A défaut de meilleurs matériaux, l'argilophyre a été employé, pendant plusieurs années, à l'entretien de la route entre Bessines et Razès. Le granit à grandes parties, qui forme, en outre, le sous-sol entre Chanteloube, Bessines, Razès et Népoulas, renferme un grand nombre d'espèces rares ou nouvelles : le béril-émeraude, qui s'est en partie transformé en une sorte de kaolin, le grenat spessartine, le malakon, le philipsite, le miskipel blanc ou gris noirâtre, le wolfram cristallisé tantalifère, le columbite, l'étain oxydé tantalifère, la baiérine, l'apatite, l'uranite, le triplite, l'hétérosite, la tryphiline, l'alluaudite (du nom de M. Alluaud, qui le premier a fait connaître les gisements de Chanteloube), l'hureaulite, la dufrénite et l'hydrophosphate de fer bleu, qu'on trouve dans les cavités des espèces précédentes et qui semble résulter de leur décomposition. »

Il existe aussi dans le département des mines de fer, de cuivre, d'étain, de wolfram (à Cieux et à Vaulry), d'antimoine (Rochechouart), de houille, et de nombreuses tourbières peu exploitées. Les mines d'étain de Vaulry, situées dans les montagnes de Blond, ont été exploitées autrefois par les Gaulois et par les Gallo-Romains. On y remarque, du moins, dans un espace de plus de dix hectares, sur les pentes d'une colline inclinée vers Vaulry et la vallée de la Glayeule, des traces non équivoques d'exploitation : tranchées, excavations, scories, etc.

Mais les gisements minéraux les plus importants du département sont les mines inépuisables de **kaolin** et de *pétunzé* de Saint-Yrieix et de Coussac-Bonneval. Ces mines, qui reposent sur le gneiss, sont une des grandes richesses de la France centrale. Le kaolin en est très-blanc et très-fin ; il alimente les manufactures de porcelaine du département, celle de Sèvres, et s'exporte même en Russie et aux États-Unis. Il existe aussi sur la commune de Saint-Yrieix un gisement de titane rutile, fournissant un principe colorant aux teinturiers et une couleur vitrifiable pour la peinture sur porcelaine.

Plusieurs *carrières de pierre* sont exploitées dans le département, notamment à Saint-Jouvent et entre Beynac et Limoges, où l'énorme rocher granitique qui portait autrefois le château d'Isle est débité en fragments de petit appareil pour le pavage des villes.

Limoges est dans le monde l'un des centres les plus actifs et les plus renommés de l'industrie de la **porcelaine**. La moitié de la population de la ville, y compris les femmes et les enfants, vit de cette précieuse industrie. Le kaolin est réduit, dans les usines semées le long de la Vienne, en pâte liquide et homogène, puis desséché. On broie et on liquéfie à part le caillou ou pegmatite, tiré en grande partie de Chanteloube et qui doit fournir l'émail et la couverte de la porcelaine. Transportée dans des tombereaux à Limoges et soumise à un battage qui en garantit l'homogénéité, la pâte est livrée aux mouleurs et aux tourneurs, qui lui donnent une forme définitive. La simple immersion dans l'émail liquide recouvre à point le test de la porcelaine d'une couche brillante. C'est alors le tour de la mise au four pour la dessiccation ; puis les pièces enfermées dans des sortes de cônes cylindriques dits *gazettes* dont on remplit le fourneau jusqu'à la gueule, on assujettit le tout de toutes parts, on calfeutre les baies avec force argile et tampons, et le feu est mis au fourneau pour marcher sans interruption durant trente-quatre heures. Les pièces cuites et refroidies sont extraites du four et triées. Il ne reste plus qu'à les parer dans des ateliers spéciaux, uniquement consacrés à la décoration et à la peinture. 33 manufactures (64 fours dont 19 au bois et 45 à la houille), 48 ateliers de peinture (800 artistes), 33 maisons de commission répandent sur tous les marchés les produits recherchés des artistes limousins. L'application de la houille à la cuisson de la pâte céramique, introduite, après de nombreux essais sans résultat, par M. Vital-Roux, de Noirlac, a fait cesser toute crainte du chômage par suite de la disette du bois et réduit les frais de près d'un vingtième ; toutefois la blancheur de la porcelaine ainsi produite n'est pas irréprochable. Les manufactures de porcelaine occupent ensemble environ 3,500 ouvriers des deux sexes et produisent annuellement une valeur de 7 millions. Il existe aussi des manufactures de porcelaine à Sauviat, Saint-Junien, Saint-Léonard, Saint-Yrieix, Solignac et Saint-Brice ; des moulins à kaolin à Limoges, Isle, au Palais, à Condat, Solignac, au Vigen, à Aixe et à la Jonchère.

L'industrie des *tissus* occupe 650 personnes à Limoges seulement, où existent des filatures de laines et de coton et 15 fabriques de flanelles et droguets produisant ensemble pour une valeur de 3 millions. Il existe d'autres filatures de laine à Condat, Panazol, Bosmie, Aixe, Isle, Saint-Léonard, Saint-Priest-Thaurion, Bessines, Bussière-Poitevine, à Saint-Junien, Bellac, Saint-Laurent-sur-Gorre et Rochechouart ; des fabriques de droguets à Eymoutiers, au Palais, à Bessines, Saint-Yrieix, Oradour-sur-Vayres et Cussac ; de marèques dites limousines à Limoges, de tapis à Limoges, Aixe, Isle et Saint-Junien.

L'industrie métallurgique est représentée par les *forges* de la Rivière (commune de Champagnac), Marval et Saint-Mathieu ; par les martinets à cuivre et à chaudronnerie de Saint-Léonard ; les fonderies de fer, les fabriques de charrues et de pompes de Limoges ; les taillanderies d'Ambazac; la fabrique de machines agricoles et industrielles de Bellac, ville qui possède aussi une fonderie.

Deux genres d'industrie peu répandus dans le département, mais très-développés dans la commune de Saint-Junien, sont la *distillerie*, à Limoges (12 millions d'affaires par an); la *ganterie* et la fabrication du *papier-paille*, qui se développe chaque jour à Limoges et le ong de la Vienne, de Saint-Léonard à Saint-Junien. 20 fabriques de gants, dont 16 réunissent la mégisserie et la ganterie, occupent près de 200 ouvriers des deux sexes produisant pour une valeur de 3 millions de francs. Les papiers de paille se fabriquent dans 10 usines (200 ouvriers), livrant chaque année au commerce 3 millions et demi de kilogrammes de papier d'une valeur de 1 million de francs. Du reste, on fabrique aussi du papier de paille à Condat, Bosmie, Nantiat, Saint-Léonard, Rochechouart et Saint-Mathieu, à Isle, au Maureix (près d'Ambazac) et à Châteauneuf-la-Forêt. Limoges a des fabriques de papier ordinaire, qui, ne pouvant lutter avec celles d'Angoulême, se transforment en papeteries de papier-paille.

La *cordonnerie* se fabrique à Limoges dans 25 établissements, occupant environ 550 personnes qui produisent pour une valeur de plus de 2 millions et demi de francs. La *saboterie*, qui se fabrique aussi à Bellac, à Saint-Junien et à Limoges, comme la cordonnerie, a une douzaine de fabriques employant plus de 500 ouvriers. A Saint-Léonard, la *tannerie* et la *corroirie* emploient 100 personnes dans 15 établissements. Aixe, Bellac, Saint-Léonard, Limoges, Panazol et Saint-Yrieix ont aussi d'importantes tanneries; Bellac, des corroiries.

Il existe de plus à Limoges des fabriques de billards, de bonneterie, de bougies, de bouchons, de brides à sabots, de brosses, de cardes, de chocolat, de colle forte, de liqueurs, d'ouate, de papiers peints, de sacs en papier, des imprimeries typographiques et lithographiques. Limoges et Condat ont des effilochages de laine ; Aixe, Bellac, Condat, Isle, Limoges, Saint-Léonard et Saint-Yrieix, des minoteries ; Limoges, Rochechouart et Saint-Yrieix, des brasseries ; Aixe, Isle et Limoges, des fabriques de carton ; Limoges et Saint-Léonard, des fabriques de chapeaux; Limoges et Saint-Junien, des blanchisseries de cire ; Limoges, Rochechouart, Saint-Junien et Thiat, des poteries et faïenceries; Coussac-Bonneval, Limoges, Chamborêt et Saint-Sulpice-les-Feuilles, des féculeries; Eymoutiers, Limoges et Saint-Junien, des teintureries en laines. Enfin une industrie spéciale à la petite ville d'Aixe est la fabrication des *Ridortas*, sorte de pains dont les paysans se régalent dans toutes les foires des environs.

Comme on le voit, l'industrie de la Haute-Vienne est considérable, et pourtant, malgré tant d'éléments de prospérité, c'est un des départements où l'on compte le plus d'émigrants annuels, mais ils sont tous fournis par les parties nord et est du département.

En résumé, les divers établissements industriels de la Haute-Vienne se répartissent comme suit :

	NOMBRE D'ÉTABLISSEMENTS.	NOMBRE D'OUVRIERS EMPLOYÉS.
Porcelaine, fabrication et décoration.	89	5000
Extraction du kaolin et fabrication de la pâte à porcelaine.	56	720
Tissus, filatures de laine et fabriques de droguets.	45	730
Papiers et cartons (ordinaires et de paille). .	28	550
Cordonnerie.	31	550
Tannerie et corroirie.	40	370
Saboterie	24	330
Imprimerie.	11	270
Ganterie.	21	240
Distillerie (à Limoges; il n'y en a pas ailleurs dans le département).	22	100
Tapis (Aixe, Isle, Limoges, Saint-Junien). . .	14	85

XII. — Commerce, chemins de fer, routes.

La Haute-Vienne *exporte* surtout des porcelaines en Afrique et en Amérique : la production annuelle des manufactures, évaluée à 7 millions, est portée à 9 millions par les reventes qui ont lieu soit par les maisons de vente en gros et en détail, soit par les fabriques des environs qui ont leur comptoir à Limoges, soit par les décorateurs. Les tissus limousins sont expédiés dans la Bretagne, l'Anjou, le Maine, la Gironde et les Landes; la saboterie est transportée principalement en Amérique et dans les îles anglo-normandes. Les marchands en gros de vins et spiritueux de Limoges vendent chaque année environ 120,000 hectolitres de boisson. Le département exporte aussi une grande quantité de chaussures et de gants, des cuirs travaillés, du kaolin, des châtaignes, des vins, des bois, du chanvre, des bestiaux, des chevaux, du papier, etc.

Le département *importe :* des grains ; des vins, achetés à la Corrèze, au Lot, à la Dordogne et à la Charente; des matières premières pour ses filatures et ses manufactures de tissus; du houblon pour ses brasseries ; des articles de modes, d'épicerie, de librairie; des denrées coloniales; des nouveautés; des bois, et environ 300,000 quintaux métriques de houille provenant des bassins de Commentry (Allier), d'Aubin (Aveyron), de Decize (Nièvre), de Bourganeuf et d'Ahun (Creuse), du Creuzot et de Blanzy (Saône-et-Loire), de la Loire et de Belgique.

Le département de la Haute-Vienne est traversé par cinq chemins de fer, d'un développement total de 228 kilomètres.

1° Le chemin de fer *de Paris à Toulouse* passe du département de la Creuse dans celui de la Haute-Vienne entre la station de la Souterraine et celle de Fromental. Il dessert Fromental, Bersac, Saint-Sulpice-Laurière, la Jonchère, Ambazac, Saint-Priest-Thaurion, Puy-Imbert, Limoges, Beynac, Nexon, la Meyze, Champsiaux, Saint-Yrieix et Coussac-Bonneval. Au delà, il entre dans la Corrèze, où il passe à la station de Saint-Julien, puis rentre un instant dans la Haute-Vienne, qu'il quitte définitivement 1 kilomètre plus loin. Parcours, 108 kil.

2° Le chemin de fer *de Limoges à Périgueux* se détache à Nexon de la ligne de Toulouse, dessert Lafarge et Bussière-Galant, puis entre dans le département de la Dordogne, après un parcours de 18 kilomètres.

3° La ligne *de Saint-Sulpice-Laurière à Poitiers* s'embranche sur le chemin de fer de Paris à Toulouse entre la station de Bersac et celle de Fromental. Elle passe aux gares de Bessines, Châteauponsac, Droux-Bellac, le Dorat, Thiat-Oradour, et pénètre ensuite dans le département de la Vienne. Parcours, 47 kilomètres.

4° Le chemin de fer *de Saint-Sulpice-Laurière à Montluçon* n'a qu'une longueur de 7 kilomètres dans le département de la Haute-Vienne, où il ne dessert aucune station. Il entre, au delà, dans celui de la Creuse.

5° La ligne *de Limoges à Saintes* (48 kilomètres), suivant la vallée de la Vienne, passe aux stations d'Aixe, de Verneuil, Saint-Victurnien, Saint-Junien et Saillat, avant d'entrer dans le département de la Charente.

En 1875, d'autres chemins de fer ont été déclarés d'utilité publique et sont aujourd'hui en construction. Ce sont ceux : de Limoges à Eymoutiers (45 kilomètres); d'Eymoutiers à un point à déterminer entre Meymac et Eygurande, sur la ligne de Clermont à Tulle; de Saillat à un point à déterminer entre Nexon et Bussière-Galant, sur la ligne de Limoges à Périgueux, par ou près Rochechouart, Oradour et Chalus (45 kilomètres) ; de Limoges au Dorat par Bellac; d'Eymoutiers à Ussel (60 kilomètres).

Les voies de communications comptent 5741 kilomètres, savoir :

5 chemins de fer			228 kil.
7 routes nationales			377
8 routes départementales			339
1187 chemins vicinaux	52 de grande communication	1604	4797
	35 de moyenne communication	500	
	1100 de petite communication	2693	

XIII. — Dictionnaire des communes.

Aixe, 3,697 h., ch.-l. de c. de l'arrond. de Limoges, pittoresquement situé. → Pont du XIIIe s., élargi de nos jours. — Chapelle du Dognon (1330). — Chapelle de Notre-Dame d'Arliquet, pèlerinage très-fréquenté.

Amand-le-Petit (Saint-), 1,512 h., c. d'Eymoutiers. → Reliquaire émaillé dans l'église.

Amand-Magnazeix (Saint-), 1,577 h., c. de Châteauponsac. → Lanterne des morts.

Ambazac, 3,589 h., ch.-l. de c. de l'arrond. de Limoges. → Dans l'église (XIIe et XVe s.), magnifique châsse byzantine du XIIe s., en cuivre doré et émaillé, renfermant les reliques de saint Étienne de Muret ; dalmatique ayant appartenu au même saint, à qui elle avait été donnée par Mathilde, femme de l'empereur d'Allemagne Henri V.

Anne-Saint-Priest (Sainte-), 447 h., c. d'Eymoutiers.

Arnac-la-Poste, 1,963 h., c. de Saint-Sulpice-les-Feuilles. → Deux dolmens.

Augne, 640 h., c. d'Eymoutiers. → Dans l'église, vitraux du XVe s.

Aureil, 526 h., c. (Sud) de Limoges. → Ruines d'un monastère du XIIe s.

Auvent (Saint-), 1,727 h., c. de Saint-Laurent.

Azat-le-Ris, 1,045 h., c. du Dorat. → Grosse tour du château de Ris-Chauveron.

Balledent, 670 h., c. de Châteauponsac. → Dans l'église, curieux reliquaire provenant de Grandmont.

Barbant (Saint-), 1,430 h., c. de Mézières.

Bazeuge (La), 513 h., c. du Dorat.

Bazile (Saint-), 436 h., c. d'Oradour.

Beaumont, 676 h., c. d'Eymoutiers.

Beaune, 661 h., c. d'Ambazac.

Bellac, 4,014 h., ch.-l. d'arrond. → Église des XIIe et XVe s. — Belles promenades.

Berneuil, 1,038 h., c. de Nantiat. → Près de la Borderie, deux dolmens dont l'un est considérable.

Bersac, 1,632 h., c. de Laurière. → Beau viaduc de Rocherolle, pour le chemin de fer de Paris à Toulouse. — Vieux château de Chambon.

Bessines, 2,661 h., ch.-l. de c. de l'arrond. de Bellac. → Pierre Belle, vaste bassin construit avec une espèce de matériaux qu'on ne trouve point dans le pays. — Vaste château de Monime (XVe s.).

Beynac, 525 h., c. d'Aixe.

Billanges (Les), 1,039 h., c. d'Ambazac. → Dans le trésor de l'église, splendide reliquaire provenant de l'abbaye de Grandmont. — Restes de fortifications dans l'église.

Blanzac, 720 h., c. de Bellac.

Blond, 2,237 h., c. de Bellac.

Boisseuil, 800 h., c. de Pierre-buffière. → Église du XIe s. — Sur une colline pittoresque dominant le confluent de la Briance et de la Ligoure, importantes ruines (monument historique [1]) du château de Chalusset, un des monuments féodaux les plus remarquables de la France (V. p. 11). Ce château, construit aux XIIe, XIIIe et XVe s., était la principale résidence des vicomtes de Limoges. Des protestants s'y étant réfugiés, il fut démantelé en 1593. M. Thézillat est propriétaire de ces ruines, qui ont longtemps servi de carrière aux paysans des environs. Le château se compose de trois enceintes. La première renferme un donjon carré du XIIe s.; la seconde enveloppe la troisième, dans laquelle on entre par une haute arcade ogivale que surmonte une tour et que protége une barbacane.

[1] On appelle *monuments historiques* les édifices reconnus officiellement comme présentant de l'intérêt au point de vue de l'histoire de l'art, et susceptibles, pour cette raison, d'être subventionnés par l'État.

Cette troisième enceinte ou château proprement dit, dont les remparts, flanqués de tours, atteignaient 20 mètres de hauteur, a la forme d'un trapèze, sur le plus long côté duquel, à gauche de l'entrée, s'étend un vaste bâtiment long de 70 mètres, divisé en belles salles voûtées et éclairées par des enêtres ogivales à meneaux. A droite de l'entrée, un autre bâtiment, beaucoup plus court, offre les mêmes caractères. A l'extrémité de la cour se dresse le *donjon* principal, du XIIe s., montrant à l'un de ses angles les arrachements de la chapelle et des restes de peintures.

Bonnac, 1,009 h., c. d'Ambazac.

Bonnet-de-Bellac (Saint-), 1,554 h., c. de Bellac.

Bonnet-la-Rivière (Saint-), 1,555 h., c. de Pierrebuffière.

Bosmie, 648 h., c. d'Aixe.

Breuilaufa, 220 h., c. de Nantiat. ⟿ Dans l'église, statue émaillée de la Vierge (XII s.).

Brice (Saint-), 1,241 h., c. de Saint-Junien.

Buis (Le), 307 h., c. de Nantiat.

Bujaleuf, 2,159 h., c. d'Eymoutiers.

Burgnac, 453 h., c. d'Aixe.

Bussière-Boffy, 1,120 h., c. de Mézières.

Bussière-Galant, 1,822 h., c. de Chalus.

Bussière-Poitevine, 2,543 h., c. de Mézières.

Cars (Les), 832 h., c. de Chalus. ⟿ Ruines du château des ducs des Cars.

Chaillac, 1,270 h., c. de Saint-Junien.

Chalard (Le), 527 h., c. de Saint-Yrieix. ⟿ Église du XIe s., renfermant une châsse du XIIe s. à panneaux émaillés.

Chalus-Chabrol, 2,413 h., ch.-l. c. de l'arrond. de Saint-Yrieix. ⟿ Chalus est composé de deux villages séparés par la Tardoire et bâtis l'un, le plus important, dans la vallée, l'autre sur une hauteur. Chacun d'eux est dominé par un donjon cylindrique (mon. hist.) de la fin du XIIe s. Ces donjons, à l'un desquels est accolé un bâtiment du XIIIe s., sont célèbres par le siége qu'ils soutinrent en 1199, siége pendant lequel l'agresseur, Richard Cœur de Lion, roi d'Angleterre, fut blessé mortellement par Bertrand de Gourdon. La tradition désigne un rocher, dit de Maumont, comme le lieu où se trouvait Richard lorsqu'il fut frappé.

Chalusset, *V.* Boisseuil.

Chamborêt, 790 h., c. de Nantiat.

Champagnac, 1,802 h., c. d'Oradour.

Champnétery, 847 h., c. de Saint-Léonard.

Champsac, 1,278 h., c. d'Oradour.

Chapelle-Montbrandeix (La), 693 h., c. de Saint-Mathieu.

Chaptelat, 617 h., c. de Nieul. ⟿ Maison où la tradition place le berceau de saint Éloi.

Château-Chervix, 1,684 h., c. de Saint-Germain-les-Belles.

Châteauneuf-la-Forêt, 1,505 h., ch.-l. de c. de l'arrond. de Limoges.

Châteauponsac, 3,710 h., ch.-l. de c. de l'arrond. de Bellac. ⟿ Trois église romanes : Saint-Pierre, enlevée au culte ; la chapelle de la Vierge, avec portail de la Renaissance, et l'église paroissiale Saint-Thyrse, qui recouvre une crypte et renferme un moule à hosties du XIIe s. et de nombreux reliquaires parmi lesquels celui dit de Tous-les-Saints (37 reliques), donné en 1226 par saint Sernin de Toulouse à l'abbaye de Grandmont « en témoignage de communauté de prière ». — Porte fortifiée.—Château de 1770.—Dans une pile du pont (bâti sous Henri IV), inscription votive romaine. — Camp retranché de Chégurat. — Tumulus des Tourettes. — Motte artificielle à la Bussière-Étable. — Ruines du château de Ventenat (XVe s.). — Beaux restes du manoir des Houmeaux (XVIIe s.).

Châtenet-en-Dognon (Le), 756 h., c. de Saint-Léonard.

Chéronnac, 1,022 h., c. de Rochechouart.

Chézeaux (Les), 570 h., c. de Saint-Sulpice.

Cieux, 1,765 h., c. de Nantiat. ⟿ Menhir et pierre branlante.

Cognac, 1,831 h., c. de Saint-Laurent. ⟿ Belle lanterne des morts (XIIe s.). — Grand dolmen.

Pellac.

Compreignac, 2,352 h., c. de Nantiat.

Condat, 1,185 h., c. (Sud) de Limoges.

Coussac-Bonneval, 3,412 h., c. de Saint-Yrieix. ⟿ Lanterne des morts, du XIIIe s. — Château des XVe et XVIe s.; grosses tours à mâchicoulis.

Couzeix, 1,633 h., c. (Nord) de Limoges. ⟿ Hippodrome de Limoges. — Tombelles.

Croisille (La), 2,064 h., c. de Châteauneuf.

Croix (La), 760 h., c. du Dorat.

Cromac, 974 h., c. de Saint-Sulpice.

Cussac, 1,811 h., c. d'Oradour. ⟿ Église des XIIe et XVe s. — Ruines de l'ancien monastères de Boubon.

Cyr (Saint-), 1,085 h., c. de Saint-Laurent.

Darnac, 1,462 h., c. du Dorat. ⟿ Belles ruines du château de la Côte-au-Chapt.

Denis-des-Murs (Saint-), 944 h., c. de Saint-Léonard. ⟿ Camp romain (?).

Dinsac, 534 h., c. du Dorat.

Dompierre, 1,370 h., c. de Magnac-Laval.

Domps, 550 h., c. d'Eymoutiers.

Dorat (Le), 2,925 h., ch.-l. de c. de l'arrondissement de Bellac. ⟿ L'*église collégiale* (monument historique) a été reconstruite aux XIe et XIIe s. A l'exception du clocher principal, qui date du commencement du XIIIe s., et de la tour fortifiée qui surmonte la chapelle absidale (XVe s.), c'est un des beaux monuments romans de la France centrale. « Elle offre, dit l'abbé Texier, une croix latine avec collatéraux étroits s'élargissant autour du chœur. Trois chapelles rayonnent à l'abside. Deux petites absides flanquent le transsept. Deux grandes coupoles couvrent la première travée de la nef et le point central de la croix. » Deux clochers couronnent l'église : l'un, carré, lourd et couvert en charpente, s'élève à l'entrée ; le second, placé à l'intersection des transsepts, octogonal (il est à remarquer que cet octogone est planté de manière que quatre de ses angles correspondent à la crête des toitures), évidé, changeant d'ornementation à chaque étage, se termine par une flèche en pierre que surmonte un ange de cuivre doré tenant une croix. Cet ange, pièce importante de l'orfévrerie du XIIIe s., a près de 2 mèt. de hauteur. L'élévation totale du clocher est de plus de 60 mèt. Sous le sanctuaire tout entier règne une crypte d'une admirable conservation.

Le Dorat fut au moyen âge une ville importante, et, à partir de 1572, le siége principal de la sénéchaussée de la Basse-Marche. Pendant le XVIIIe s., elle prit, en même temps que Bellac, le titre de capitale de cette province. Son église était le siége d'un chapitre régulier dont deux membres devinrent très-populaires : saint Israël, auteur d'un poëme perdu en langue vulgaire (1014), et saint Théobald (1070). Vingt paroisses des environs du Dorat viennent encore en procession dans cette ville tous les sept ans, aux *ostensions* des reliques de ces deux saints.

Le mur d'enceinte de la ville, bâti par l'abbé Guillaume Lhermite (1429) au moment du suprême effort de la France contre la domination anglaise, subsiste encore, mais découronné, ainsi que ses tours ; il soutient presque partout de pittoresques jardins en terrasses. Des quatre portes, il ne reste que la curieuse porte *Bergère*, qui s'ouvre sur une pente inaccessible aux voitures.

Le Dorat possède : un *petit séminaire*, admirablement situé et très-fréquenté ; un *hôpital*, la maison mère des *Sœurs de Marie-Joseph*, une *école de dressage* et un *hippodrome*. — *Fontaine* monumentale.

Dournazac, 2,092 h., c. de Saint-Mathieu. ⟿ Jolie église romane, fâcheusement restaurée. — Curieuses ruines du château de Montbrun, situées dans le vallon du Dournogeou, au bord même du ruisseau. Cette forteresse doit son nom à son fondateur, Aymeric Brun, qui construisit, en 1179, le donjon encore existant. Cette tour carrée, d'une rare élégance, est flanquée de bandes verticales, que relient à leur partie supérieure des arcades en plein cintre. Le couronnement est formé de mâchicoulis en encorbellement qui sont contemporains de la tour. Les mâchicoulis de Montbrun sont les plus anciens connus de leur espèce, car, au XIIe s. et pendant presque tout le XIIIe, ces défenses n'étaient composées que de grandes arcades portant sur des contre-forts. Au XVe s., lors de la reconstruction du château, Pierre de Montbrun, évêque de Limoges, conserva le donjon et l'enveloppa, sur la moitié de sa hauteur, par une des grosses tours rondes de la forteresse, qu'il reconstruisit de 1433 à 1438. Ce nouveau château, de forme quadrangulaire, a perdu tous ses couronnements ; mais ses restes encore imposants, sont parfaitement entretenus. — La commune possède encore à son extrémité sud-ouest les ruines du beau château de Lamberty.

Fontaine du Dorat.

Droux, 1,358 h., c. de Magnac-Laval.

Eybouleuf, 402 h., c. de Saint-Léonard. ⋙→ Dolmen.

Eyjaux, 946 h., c. de Pierrebuffière.

Eymoutiers, 4,089 h., ch.-l. de c. de l'arrond. de Limoges. ⋙→ Église collégiale des XIIe et XVe s.; magnifiques vitraux des XVe et XVIe s.

Feytiat, 1,257 h., c. (Sud) de Limoges.

Flavignac, 1,470 h., c. de Chalus. ⟿ Autel romain à Texon.

Folles, 1,665 h., c. de Bessines. ⟿ Beau dolmen. — Tombelle.

Fromental, 1,241 h., c. de Bessines. ⟿ Château du XVIe s. — Dolmen de Bagnol.

Gajoubert, 507 h., c. de Mézières.

Gence (Saint-), 1,074 h., c. de Nieul. ⟿ Tombelles.

Geneytouse (La), 1,034 h., c. de Saint-Léonard. ⟿ Ruines du château et du monastère des Allois (XIIe s.).

Genest (Saint-), 642 h., c. de Pierrebuflière.

Georges-les-Landes (Saint-), 702 h., c. de Saint-Sulpice. ⟿ Magnifique reliquaire en cristal de roche (XIIIe s.), provenant de l'abbaye de Grandmont.

Germain-les-Belles (Saint-), 2,124 h., ch.-l. de c. de l'arrond. de Saint-Yrieix.

Gilles-les-Forêts (Saint-), 232 h., c. de Châteauneuf.

Glanges, 1,136 h., c. de Saint-Germain.

Gorre, 821 h., c. de Saint-Laurent. ⟿ A l'église, reliquaire en forme de double croix en vermeil filigrané, (XIIIe s.), provenant de l'abbaye de Grandmont.

Hilaire-Bonneval (Saint-), 857 h., c. de Pierrebuffière. ⟿ Église ogivale du XIIIe s.

Hilaire-Lastours (Saint-), 945 h., c. de Nexon. ⟿ Clocher roman.

Hilaire-la-Treille (Saint-), 1,141 h., c. de Magnac-Laval.

Isle, 2,107 h., c. (Nord) de Limoges.

Jabreilles, 952 h., c. de Laurière.

Janailhac, 965 h., c. de Nexon.

Javerdat, 1,065 h., c. de Saint-Junien.

Jean-Ligoure (Saint-), 1,046 h., c. de Pierrebuffière.

Jonchère (La), 1,173 h., c. de Laurière.

Jouac, 653 h., c. de Saint-Sulpice. ⟿ Dans l'église, deux croix émaillées du XIIIe s. — Dolmen.

Jourgnac, 707 h., c. d'Aixe.

Jouvent (Saint-), 1,211 h., c. de Nieul.

Julien-le-Petit (Saint-), 557 h., c d'Eymoutiers.

Junien (Saint-), 8,221 h., ch.-l. de c. de l'arrond. de Rochechouart. ⟿ A 500 mèt. de la ville, sur la Vienne, vieux *pont*, remarquable construction du XIIIe s. (6 arches), dont les avant-becs sont plantés sur l'ogive. — A l'entrée du pont, jolie *chapelle de Notre-Dame-du-Pont* (1451-1454), que Louis XI visita deux fois. Ses trois nefs, égales en hauteur, se terminent à une petite abside centrale.

Saint-Junien a conservé son aspect du moyen âge. Un grand nombre de *maisons* présentent des détails intéressants du XIIIe s. — *L'église* (mon. hist.) est un très-beau vaisseau construit du XIe au XIIe siècle, sur la forme d'un rectangle coupé sur le milieu de sa longueur par un transsept. La porte occidentale, en ogive, est subdivisée en deux baies, aussi en ogive. Au-dessus s'élève un clocher tronqué. Ses quatre faces sont mouvementées par des gables qui encadrent des fenêtres géminées et au-dessus desquels devait s'élever l'étage octogonal destiné à supporter la flèche. Contre le croisillon N. s'élève une charmante tourelle d'escalier romane. Le clocher central, tout entier de forme octogonale, n'a que quatre petites ouvertures. Sous chaque clocher s'arrondit une coupole ; celle de l'O. est byzantine. La nef et ses bas côtés sont voûtés en berceau, ainsi que les croisillons. Ceux-ci sont flanqués, à l'E., de chapelles carrées, ouvertes aussi vers le chœur, et dont les voûtes, de forme très-bombée, ont des nervures tout à fait rudimentaires. Le chœur, qui est la partie la moins ancienne, est voûté en berceau ogivé au centre, en arêtes sur les collatéraux ; le mur droit du chevet est percé d'une belle rose à 12 meneaux. Près de l'entrée de l'église, à l'intérieur, sont posés deux énormes *bénitiers* côtelés (XIIe s.). On voit souvent en Limousin de ces sortes de cuves. — Derrière le maître-autel, enlevé en 1819 à la célèbre abbaye limousine

Abside de la collégiale du Dorat, d'après une eau-forte de M. L. Gauchorel.

de Grandmont et remarquable par un bas-relief en marbre blanc (les *Disciples d'Emmaüs*), se trouve le *tombeau* de saint Junien, long de 2 mèt. 72, large de 83 cent., haut de 1 mèt. 18. « Sur une de ses faces, celle de l'E., dit M. Arbellot, le Christ est représenté dans sa gloire, accompagné des quatre attributs des Évangélistes. Sur les deux faces latérales, 24 statuettes, 12 de chaque côté, représentent les 24 Vieillards de l'Apocalypse, tenant à la main des instruments de musique et des vases à parfums. Au milieu d'eux, sur l'un des côtés, on voit la Vierge assise, tenant l'Enfant Jésus, cernée d'une auréole que quatre anges portent comme en triomphe ; la face opposée montre l'Agneau de Dieu sur un disque ou large nimbe timbré d'une croix. Des colonnettes richement sculptées à la base, au fût et au chapiteau, séparent les niches qui renferment les 24 Vieillards. Ce tombeau, un des types les plus curieux du style roman fleuri, date des premières années du XIIe s. » — L'église de Saint-Junien, restaurée (le chœur) en 1845, dépendait d'un chapitre de chanoines réguliers, auxquels un bâtiment du XIIe s., parallèle à l'église, a servi de *réfectoire* (c'est aujourd'hui une salle de spectacle).

Junien-les-Combes (Saint-), 577 h., c. de Bellac.

Just (Saint-), 1,316 h., c. (Sud) de Limoges.

Ladignac, 1,833 h., c. de Saint-Yrieix.

Laurent-les-Églises (Saint-), 1,358 h., c. d'Ambazac.

Laurent-sur-Gorre (Saint-), 2,422 h., ch.-l. de c. de l'arrond. de Rochechouart.

Laurière, 1,474 h., ch.-l. de c. de l'arrond. de Limoges. ⟶ Dans l'église, reliquaire ciselé provenant de Grandmont.

Lavignac, 294 h., c. de Chalus.

Léger-la-Montagne (Saint-), 1,200 h., c. de Laurière. ⟶ A Sauvagnac, maisons ogivales, et église des XIIe et XVe s., but d'un pèlerinage fréquenté.

Léger-Magnazeix (Saint-), 1,741 h., c. de Magnac-Laval. ⟶ Menhir.

Léonard (Saint-), 5,989 h., ch.-l. de c. de l'arrond. de Limoges, l'antique *Nobiliacum* ⟶ L'*église* (mon. hist.), autrefois dépendance d'un monastère fondé au IXe s., date des XIe et XIIe s., avec restaurations des XIIIe et XVIIe s. Elle est dominée par un des clochers romans les plus remarquables du Limousin. Cette belle tour, bâtie au commencement du XIIe s., est carrée sur la plus grande partie de sa hauteur ; elle devient octogonale dans sa partie supérieure, au moyen de pignons appliqués sur les faces de la partie carrée ; les sommets de ces pignons soutiennent quatre des angles de la partie octogonale, surmontée d'une flèche en pierre peu élevée. L'église (V. p. 19) a été restaurée en 1484. Les *stalles* du chœur (fin du XVe s.) sont ornées d'assez bonnes sculptures. Dans la dernière chapelle de l'abside à dr., se voit un *bas-relief* en albâtre, antérieur au XVe s. Enfin l'église renferme un bon tableau de Murat, peintre natif de Felletin.

Limoges, 59,011 h., ch.-l. du département et siége d'un évêché, ville bâtie en amphithéâtre sur la rive droite de la Vienne. ⟶ La *cathédrale* (mon. hist.), dédiée à saint Étienne, l'édifice le plus remarquable du Limousin et le seul qui y soit construit complétement dans le style ogival parisien, est située à l'extrémité d'une plate-forme qui domine le cours de la Vienne. Les fondations laissent voir encore des blocs et de nombreux débris de la basilique primitive, qui, suivant la tradition, aurait été transformée par saint Martial lui-même en un temple chrétien. La première pierre de la cathédrale actuelle fut posée le 1er juin 1273. Le chœur ne fut terminé qu'en 1327; la façade et la rose du croisillon S. datent de 1350, et les deux travées de la nef sont bien postérieures : leur style accuse la fin du XVe s. La porte latérale du N.-O. et la voûte du transsept portent les armoiries des deux Barthon de Montbas, évêques de 1457 à 1510. La façade N. du transsept, ornementée sous l'épiscopat de Philippe de Montmorency et de Villiers de l'Isle-Adam, se distingue, entre toutes les grandes œuvres de l'architecture limousine, par un luxe et une profusion de détails d'une perfection infinie. Repris au XVIe s. (1527) par l'évêque Jean de Langeac, continués par son successeur, Jean du Bellay, les travaux furent définitivement suspendus sous l'Italien César de Borgognonibus (1554). C'est seulement dans ces derniers temps (1847-1876) qu'une restauration complète de l'édifice, comprenant l'achèvement des parties d'œuvre abandonnées, a été commencée. Mgr Alfred Duquesnay, l'évêque actuel, a entrepris la continuation de la cathédrale. Il a réuni dans le diocèse des souscriptions qui s'élèvent à 500,000 fr. environ, et il a obtenu du gouvernement l'autorisation de faire construire une travée de plus. La première pierre de celle-ci a été posée solennellement le 23 avril 1876, à l'issue de la grande procession des *Ostensions*, par Mgr Duquesnay, assisté de Mgr l'archevêque de Bourges, et de MMgrs les évêques de Tulle et d'Angoulême. La restauration de la façade N. est terminée depuis 1851. Deux clochetons s'y relient entre eux par une galerie bordée d'une élégante balustrade. Le clocher, élégante tour haute de 62 mètres, est isolé, à l'O. de l'église et sur un axe différent. Légèrement penchée, elle s'élève sur un porche roman, consolidé au XIVe s. et formant un gros massif carré. Le clocher proprement dit (1242) a quatre étages, l'un quadrangulaire, les trois autres octogonaux; ces derniers présentent une disposition qu'on ne trouve guère hors de Limoges et qui a été imitée dans les deux autres églises principales de la ville. Quatre angles laissés nus correspondent aux faces du soubassement carré, et les quatre angles intermédiaires, qui se présentent diagonalement, sont couverts par de sveltes tourelles à huit pans, couronnées par des pyramidions au-dessus de la plus haute corniche. L'espèce de cour qui sépare le clocher de la cathédrale est close latéralement par les débris de la nef romane, sur laquelle sont greffées quelques caisses de la nef ogivale dont on construit actuellement deux travées. Sur les vantaux du portail N. sont figurés le martyre de saint Étienne et celui de sainte Valérie. Le martyre de saint Étienne est aussi figuré par des statues (XIVe s.) très-habilement disposées sur un contre-fort septentrional de l'abside. Sur la plate-forme qui recouvre les collatéraux du chœur et de la nef et les chapelles adjacentes, ont été trouvés les débris d'une inscription antique, et, sur les dalles, se voit le plan géométrique de l'église, gravé au trait par l'architecte même de l'œuvre. L'intérieur de Saint-Étienne est remarquable par la hardiesse des voûtes et des arcs, et par l'élégance de l'ensemble. Il est orné de nombreuses œuvres d'art du moyen âge et de la Renaissance. Près de la porte est un magnifique *jubé*, dû à l'évêque Jean de Langeac (1533), orné de niches avec couronnements et culs-de-lampe, de médaillons enguirlandés et de six bas-reliefs représentant les *travaux d'Hercule*. A la voûte pendent, avec de gracieuses moulures, des culs-de-lampe creusés en niches qui encadrent les Vertus théologales et cardinales. Le couronnement est formé par une balustrade à jour. Ce jubé n'a été transporté qu'en 1789 à sa place actuelle; un remarquable buffet d'orgues a été installé au-dessus, en 1842. A dr. du chœur, près de la sacristie, le *tombeau de Raynaud de la Porte*, évêque de Limoges, puis archevêque de Bourges en 1316, mort cardinal en 1325, supporte la statue du prélat en habits pontificaux, les pieds appuyés sur un lion, les deux bras croisés. Quatre bas-reliefs mutilés et six statuettes décorent ce tombeau. De l'autre côté du chœur, à g., entre deux piliers, est le *tombeau de Bernard Brun*, évêque de Noyon, puis d'Auxerre, mort en 1349. Le prélat repose, en habits pontificaux, sous une double arcade ogivale, autrefois ornée de peintures et dont le soubassement est décoré de huit figurines mutilées. Au fond de la niche qui contient le monument sont des bas-reliefs. — Entre les deux tombeaux, adossé à la clôture du chœur se trouve le *mausolée de Jean de Langeac*. Jean de Langeac, qui fut, en même temps qu'évêque de Limoges, grand aumônier, puis ambassadeur de François Iᵉʳ, mourut en 1541. La statue en bronze du prélat a été utilisée militairement pendant la Révolution. Les quatorze bas-reliefs de ce tombeau, représentant les *Visions de l'Apocalypse*, sont devenus justement célèbres. Dans une chapelle inachevée de la nef, une dalle de granit porte, avec l'*épitaphe* du doyen Raynaud de Saint-Crépin, son *effigie* dessinée au trait, plus grande que nature (XIVᵉ s.). Une autre *pierre tombale*, du même genre, est celle de Ranulfe de Pompadour, dans une chapelle du chevet. — Derrière le chœur, vis-à-vis du tombeau de Raynaud de la Porte, dans le mur qui fait face à l'autel de l'ancienne chapelle Saint-Thomas, est incrustée, au-dessous de trois petits bas-reliefs, l'*épitaphe* du chanoine Pierre de Soubrebost. — Dans le bras N. du transsept, qui est plus long d'une travée que le croisillon S., la jolie *chapelle de l'Immaculée-Conception* présente une imitation de l'ornementation du moyen âge bien réussie (dans le vitrail surtout) et d'un effet charmant. — Le collatéral N. de la nef renferme une *Assomption* de Fisen (1721). Près de la sacristie, une *Mise au tombeau*, datée de 1629, provenant de l'ancienne église de Saint-Maurice, a remplacé une sculpture représentant la même scène (XVᵉ s.), dont l'encadrement seul existe. La chapelle de l'axe, dédiée à saint Martial, a été peinte par M. Steinheil. La sacristie renferme des *canons d'autel* avec tableaux sur émail, chefs-d'œuvre de Noël Laudin (XVIIᵉ s.), où sont représentés le *Christ en croix*, le *Meurtre d'Abel*, le *Sacrifice d'Abraham*, les *Noces de Cana*, l'*Adoration des Mages*. Les *vitraux* de la cathédrale, œuvre du XIVᵉ s., ont été réparés au XVIᵉ s. Les plus remarquables sont ceux qui représentent : le *Christ juge; Saint Étienne* (chapelle de la Vierge); *Saint Martial, Sainte Valérie*, une *Annonciation*, les *Prophètes* (chœur). Un crédit spécial est affecté chaque année à la restauration successive de ces verrières. La *chapelle du Baptistère* a reçu un vitrail, le *Baptême de Jésus*, par M. Oudinot; la *chapelle de Saint-Martial* (autel en cuivre repoussé), la verrière légendaire de l'apôtre d'après les cartons de M. Steinheil (1865), qui a décoré aussi, avec l'aide de M. Oudinot, la *chapelle de Sainte-Valérie*. Les vides du transsept se complètent par la série des saints du diocèse. — Une *crypte*, reste de l'église romane, située sous le chœur, conserve de précieuses *fresques* du XIᵉ s. C'est, à la voûte, le *Christ*, en robe rouge et en manteau bleu, environné des attributs des Évangélistes, et bénissant un personnage qui lui baise les pieds; sur le plat du mur voltigent des oiseaux au plumage étincelant. D'autres peintures murales plus récentes représentent, dans les deux chapelles absidales du N., des scènes de la *Vie des Saints*, et, dans la chapelle des Trois-Rois, *David* et les *grands Prophètes* (XVIᵉ s.).

Saint-Pierre du Queyroy, près de la place Tourny et de la place Royale, est un édifice au plan bizarre, dont la grande nef, terminée par un chevet droit et éclairée par un étage de fenêtres, est flanquée de cinq collatéraux tous égaux en hauteur. Cette église, complètement restaurée, date en majeure partie du XIIIᵉ s., ainsi que son clocher octogonal dont la flèche en pierre est moderne. La façade a été refaite presque entièrement vers 1534, dans le style ogival. Le gable de la nef a été couronné par une belle statue du patron. — Des verrières de M. Oudinot, placées dans le collatéral du S., représentent : dans la chapelle du Sacré-Cœur, *Jésus et la Samaritaine ;* dans la chapelle de la Vierge, l'*Immaculée-Conception*. Au fond d'un des collatéraux de dr. on remarque un beau vitrail (XVIᵉ s.) de Pierre Pénicaud (la *Mort* et le *Couronnement de la Vierge*), et une statue de la Vierge du XVIᵉ siècle. Depuis 1875, on remarque au fond de la nef le nouveau vitrail dont le sujet (*Duc in altum*) est tiré du Nouveau Testament et qui a été exécuté d'après les cartons de Gustave Doré. Le *maître-autel*, en marbre rouge, provient des Carmélites. Il est orné d'un tableau de Maisonade, peintre limousin du XVIIIᵉ s., d'après Jouvenet : *Jésus-Christ donnant les clefs à saint Pierre.*

Saint-Michel des Lions, édifice à trois nefs égales du XIVe et du XVe s., doit son nom aux trois lions de pierre (XIIe s.) qui décoraient autrefois son entrée principale et qui sont aujourd'hui jetés sans ordre sur l'escalier de la porte S. Le clocher, haut de 55 mèt., a été terminé avec sa flèche en 1383. La boule dorée qui le surmonte est d'une grosseur démesurée. On y arrive par une échelle extérieure en fer et on la pavoise les jours de fête. La plupart des vitraux sont modernes et dus à M. Thévenot. L'intérieur offre en outre deux toiles remar-

Montbrun, d'après une photographie de M. de Labonne.

quables : l'*Annonciation* et l'*Assomption*, et des fresques de M. A. Régis (1859), relatives à la vie de saint Léonard. Saint-Michel possède le chef de saint Martial.

Sainte-Marie, ancienne église des Jacobins, fondée en 1241, n'offre d'ancien qu'un portail du XIIIe s., et possède un tableau de Jacques Restout (XVIIe s.; la *Présentation*). — *Saint-Aurélien*, au fond de la rue des Boucheries, petite chapelle des XVIe et XVIIIe s., renferme un antique baptistère servant de tronc. Devant la porte, à dr., se dresse une *croix* monolithe du XVe s., dont les statuettes représentent le Christ, la

Vierge et les Apôtres. — Dans la chapelle de l'*hôpital général* se voient un retable remarquable du sculpteur Bellet et trois curieux reliquaires (XIIIe et XVIe s.). — *Évêché* du XVIIIe s.; belles terrasses. — *Grand séminaire*, sur l'emplacement de l'abbaye de la Règle, dont il reste quelques débris.

Dans le jardin de la *préfecture*, sphinx romain. — *Palais de justice* moderne; beau péristyle. — *Théâtre* 1838-1840). — Vaste *hôpital général*. — *Asile d'aliénés* (1864). — Bel hôtel de la *division militaire*. — Bâtiment monumental avec dôme, reste du couvent de la Visitation, converti en *caserne*. — *Caserne de cavalerie*, occupant un ancien séminaire. — *Caserne d'infanterie*, occupant l'ancien monastère des Bénédictins, qui fut le berceau de la célèbre congrégation de Saint-Maur. — *Cercle des officiers*, maison moderne d'un bon caractère, avec trois remarquables cariatides. — *Lycée*, en partie moderne. Dans la chapelle, tableau attribué à Rubens (l'*Assomption*). — Remarquable *musée* (tableaux d'A. Dürer, Nattier, Rigaud, Troyon), auquel sont jointes une *collection lapidaire* et une précieuse *collection céramique*, la plus complète de France après celle du Louvre. — *Bibliothèque* renfermant 25,000 vol. et de précieux manuscrits. — Nombreuses *maisons* des XIIe, XIIIe, XIVe, XVe et XVIe s. — *Pont Saint-Étienne* (mon. hist.), un des plus remarquables qui nous sont restés du moyen âge; 8 arches en ogive séparées par des piliers carrés en aval, pointus et curvilignes en amont. — Le *pont Saint-Martial*, plus éloigné de la ville, présente les mêmes dispositions; mais il a été remanié. — Une des curiosités de Limoges est sans contredit le quartier des bouchers, dont les maisons en bois avec un étage surplombant le rez-de-chaussée sont très-pittoresques. Les bouchers de Limoges forment une sorte de corporation et jouissent de certains priviléges; ils ont leur chapelle, Saint-Aurélien, et ne se marient qu'entre familles. Il n'y a pas plus de 5 ou 6 noms pour les 70 ou 80 bouchers qui occupent exclusivement la rue qui fait suite à la place La Mothe.

Linards, 2,029 h., c. de Châteauneuf.

Lussac-les-Églises, 1,650 h., c. de Saint-Sulpice.

Magnac-Bourg, 940 h., c. de Saint-Germain. ⋙→ Belle église du XIVe s.; verrières du XVIe s.

Magnac-Laval, 3,635 h., ch.-l. de c. de l'arrond. de Bellac. ⋙→ Vaste collége (transformé en caserne) et riche hôpital fondés par la famille de Salignac-Fénelon.

Mailhac, 727 h., c. de Saint-Sulpice. ⋙→ Dolmen dit la Pierre à la Marte.

Maisonnais, 1,677 h., c. de Saint-Mathieu. ⋙→ Sur une hauteur dominant la Tardoire, *château* ruiné *de Lavauguyon* (XVe s.), formé de deux enceintes. L'enceinte principale est un quadrilatère flanqué aux angles de fortes tours rondes à l'extérieur, carrées à l'intérieur. Sur un des côtés se voit une salle dont la voûte présente une sorte de clef pendante à l'intersection des nervures. Sur une courtine on distingue des restes de fresques.

Masléon, 510 h., c. de Châteauneuf.

Marie-de-Vaux (Sainte-), 352 h., c. de Saint-Laurent.

Martial (Saint-), 618 h., c. de Mézières.

Martin-de-Jussac (Saint-), 571 h., c. de Saint-Junien.

Martin-le-Mault (Saint-), 463 h, c. de Saint-Sulpice. ⋙→ Dolmen.

Martin-le-Vieux (Saint-), 829 h., c. d'Aixe.

Martin-Terressus (Saint-), 908 h., c. de Saint Léonard.

Marval, 1,541 h., c. de Saint-Mathieu. ⋙→ Église romane du XIIe siècle.

Mathieu (Saint-), 2,360 h., ch.-l. de c. de l'arrond. de Rochechouart. ⋙→ Église (mon. hist.) des XIIe et XVe s.

Maurice-les-Brousses (Saint-), 391 h., c. de Pierrebuffière.

Méard (Saint-), 1,080 h., c. de Châteauneuf.

Meilhac, 677 h., c. de Nexon.

Château de Rochechouart.

Meuzac, 1,176 h., c. de Saint-Germain.

Meyze (La), 1,537 h., c. de Nexon.

Mézières, 1,448 h., ch.-l. de c. de l'arrond. de Bellac. ⋙→ Beau château de la Côte (XVIe s.).

Milhaguet, 369 h., c. de Saint-Mathieu.

Moissannes, 742 h., c. de Saint-Léonard.

Montrol-Sénard, 951 h., c. de Mézières. ⋙→ Lanterne des morts du XIIe s.

Mortemart, 305 h., c. de Mézières. ⋙→ Ruines du château des marquis de Mortemart, famille à laquelle appartenait Mme de Montespan.— Restes d'une chartreuse et d'un monastère de Carmes.

Morterolles, 574 h., c. de Bessines.

Nantiat, 1,422 h., ch.-l. de c. de l'arrond. de Bellac.

Nedde, 1,887 h., c. d'Eymoutiers.

Neuvic-Entier, 1,750 h., c. de Châteauneuf.

Nexon, 2,855 h., ch.-l. de c. de l'arrond. de Saint-Yrieix. ⋙→ L'église (XIIe et XIIIe s.) possède un buste-reliquaire de saint Ferréol, ciselé en 1346. — Château du XVe s., remanié de nos jours.

Nicolas (Saint-), 350 h., c. de Chalus. ⋙→ Ruines de l'oppidum gaulois de Courbefy, sur l'emplacement duquel fut bâti, au XIe siècle, un château qui appartint aux vicomtes de Limoges.

Nieul, 801 h., ch.-l. de c. de l'arrond. de Limoges.

Nouic, 1,602 h., c. de Mézières.

Oradour-Saint-Genest, 1,242 h., c. du Dorat. ⋙→ Fanal funéraire (XIIe s.), haut de 15 mèt. — Belles ruines du château de la Peyrière (XVIe s.).

Oradour-sur-Glane, 1,903 h., c. de Saint-Junien. ⋙→ Lanterne des morts (XIIe s.).

Oradour-sur-Vayres, 2,962 h., ch.-l. de c. de l'arrond. de Rochechouart.

Ouen (Saint-), 554 h., c. du Dorat.

Pageas, 1,324 h., c. de Chalus.

Palais (Le), 692 h., c. (Nord) de Limoges. ⋙→ Beau viaduc du chemin de fer de Paris à Toulouse.

Panazol, 1,606 h., c. (Sud) de Limoges. ⋙→ Donjon de Quintaine (XIVe s.). — Dans l'église, beaux vitraux du XVIe s.

Pardoux (Saint-), 1,163 h., c. de Bessines.

Paul (Saint-), 1,850 h., c. de Pierrebuffière. ⋙→ Tombelle.

Pensol, 646 h., c. de Saint-Mathieu.

Peyrat-de-Bellac, 1,211 h., c. de Bellac.

Peyrat-le-Château, 2,457 h., c. d'Eymoutiers. ⋙→ Haute tour féodale.

Peyrilhac, 1,672 h., c. de Nieul.

Pierrebuffière, 920 h., ch.-l. de c. de l'arrond. de Limoges. ⋙→ Du château qui appartenait, en 1789, à la famille de Mirabeau, il reste la *chapelle* romane. — L'*église*, des XIIe et XIVe s., présente dans les vantaux de son portail les figures des Apôtres. — Au centre de la place s'élève une *fontaine* monumentale, en bronze, donnée par le célèbre chirurgien Dupuytren, qui naquit à Pierrebuffière en 1777 et à qui ses compatriotes ont élevé une *statue*.

Porcherie (La), 1,262 h., c. de Saint-Germain.

Priest-le-Betoux, 214 h., c. de Châteauponsac.

Priest-Ligoure (Saint-), 1,677 h., c. de Nexon. ⋙→ Église des XIIe et XIIIe s.

Priest-sous-Aixe (Saint-), 1,175 h., c. d'Aixe. ⋙→ L'église (XIIe et XVe s.) renferme le corps de saint Martin des Arades, confesseur de Charles Martel.

Priest-Thaurion (Saint-), 1,292 h., c. d'Ambazac. ⋙→ L'église (XIIe et XVe s.) renferme une croix émaillée du moyen âge. — Vieux pont bâti par les moines de Grandmont. — Borne de justice dressée au XVe s. par les consuls de Limoges.

Rancon, 1,817 h., c. de Châteauponsac. ⋙→ *Église* du style de transition. — *Lanterne des morts*, du XIIe s. — Dans la façade d'une maison moderne est encastrée une *inscription antique* qui mérite d'être signalée, car elle est la seule trace épigraphique laissée par les *Andecamulenses* qui, après avoir été considérés comme une peuplade gauloise, passent maintenant pour avoir formé une sorte d'association religieuse. L'inscription est ainsi conçue : NVMINIBVS AVG. FANVM PLVTONIS ANDECAMVLENSES DE SVO POSVE(*re*). Cette inscription a été trouvée dans la commune de Blanzac.

Razès, 1,510 h., c. de Bessines.

Rempnat, 859 h., c. d'Eymoutiers.

Rilhac-Lastours, 731 *h.*, *c. de* Nexon. ⋙→ Ruines du château de Lastours (XIe et XIIe siècles), demeure d'une famille célèbre dans les annales du Limousin.

Rilhac-Rancon, 842 h., c. d'Ambazac.

Rochechouart, 4,159 h., ch.-l. d'arrond., sur une colline qui commande le confluent de la Graine et de la Vayres.

Église de Saint-Yrieix.

Le *château* (mon. hist.), assiégé en vain par les Anglais en 1369, pris par eux deux ans après, presque complétement reconstruit à la fin du XVe s., sur un promontoire que termine un rocher gigantesque, renferme aujourd'hui la sous-préfecture, le tribunal et le bureau télégraphique. La façade qui donne sur la Graine, la plus remarquable, a été restaurée. L'entrée principale offre les caractères de la Renaissance ; la tour qui la flanque, à g., plantée sur l'ogive, remonte au XIIIe s. Plus à g., à un angle du quadrilatère, sur une des grosses tours, se voit, dans une sorte de niche, un lion en granit. Il reste, à l'intérieur, deux côtés du péristyle, formé d'arcades surbaissées, portées sur des piliers torses. Une des salles dépendant de la sous-préfecture (on peut la visiter) renferme de curieuses peintures murales : un *Diner*, une *Chasse au cerf*, l'*Entrée à Rochechouart du comte de Pontville*, devenu possesseur du château en 1470, par son mariage avec Anne de Rochechouart. Les costumes sont du temps de Charles VIII et de Louis XII. Dans une chambre voisine se voient les traces d'une autre fresque : les *Travaux d'Hercule*. L'ancienne charpente des bâtiments mérite la visite des praticiens. — Près du château s'étend une belle *promenade*.

L'*église* n'est qu'en petite partie celle qui fut consacrée le 11 novembre 1061 ou 1067. Le clocher, belle tour octogonale, date de la fin du XIIIe s.; sa flèche en ardoises (43 mèt. au-dessus du sol), contournée en spirale, est tout à fait moderne. Cette église appartenait aux moines de Charroux. — Sur la place adjacente est une *fontaine* de 1539.

Roche-l'Abeille (La), 1,394 h., c. de Nexon.

Roussac, 879 h., c. de Nantiat.

Royères-Saint-Léonard, 590 h., c. de Saint-Léonard.

Rosiers-Saint-Georges, 622 h., c. de Châteauneuf.

Salles-Lavauguyon (Les), 675 h., c. de Rochechouart. ⋙→ L'église, du XIe s., est curieuse. Les bas côtés de la nef sont voûtés par des berceaux perpendiculaires à l'axe. Le chœur, plus large, offre deux piliers cylindriques flanqués de quatre colonnes. Un grand mur droit percé d'un triplet termine le chœur, comme dans la plupart des églises limousines. Le sol intérieur de l'édifice s'élève de deux marches à chaque travée.

Sauviat, 1,553 h., c. de Saint-Léonard.

Séreilhac, 2,142 h., c. d'Aixe.

Solignac, 825 h., c. (Sud) de Limoges. ⋙→ *Église* (mon. hist.) d'une abbaye fondée par saint Éloi. Cette église, consacrée en 1142, restaurée au XVe s., est cruciforme avec une nef voûtée en coupoles, deux croisillons, dont l'un a aussi une coupole, et une abside avec trois chapelles rayonnantes, mais sans déambulatoire. Des arcatures règnent à l'intérieur de la nef sous les fenêtres, et à l'extérieur du chœur sous les corniches. Une *crypte* se trouve sous le sanctuaire. Les chapiteaux intérieurs sont historiés et « se ressemblent tous deux à deux depuis le portail jusqu'au fond de l'abside. » Les *stalles*, ornées d'animaux grotesques, et quelques *vitraux* datent de 1479. Dans le pavé de la nef est implanté un *bénitier* roman; plus loin, une *tombe* antique ornée de zigzags sert de dalle. Une autre tombe, taillée en forme de toit imbriqué dans un bloc de serpentine du plus beau vert, longtemps abandonnée en dehors de l'église, se voit aujourd'hui brisée dans un coin du porche. Le *trésor* possède plusieurs *reliquaires*, un ancien buste en argent et une belle *châsse* émaillée, représentant la légende de sainte Catherine. — Bâtiments (XVIIe s.) du monastère (V. p. 21).

Sornin-Leulac (Saint-), 1,255 h., c. de Châteauponsac.

Sornin-la-Marche (Saint-), 1,006 h., c. du Dorat.

Sulpice-Laurière (Saint-), 1,511 h., c. de Laurière.

Sulpice-les-Feuilles (Saint-), 1,972 h., ch.-l. de c. de l'arrond. de Bellac. ⋙→ Église moderne (style du XIIIe s.) renfermant un reliquaire venu de l'abbaye de Grandmont. — Monuments mégalithiques : dolmens et tombelles.

Surdoux, 255 h., c. de Châteauneuf.

Sussac, 1,267 h., c. de Châteauneuf.

Sylvestre (Saint-), 1,718 h., c. de Laurière. ⋙→ Dans l'église, beau reliquaire du XIIIe s. et buste en argent de saint Étienne de Muret, provenant de la célèbre abbaye de Grandmont, dont les ruines se trouvent sur le territoire de la commune.

Symphorien (Saint-), 855 h., c. de Nantiat.

Tersannes, 438 h., c. du Dorat.

Thiat, 736 h., c. du Dorat.

Thouron, 536 h., c. de Nantiat.

Vayres, 1,934 h., c. de Rochechouart.

Vaulry, 826 h., c. de Nantiat.

Verneuil-Moustiers, 568 h., c. du Dorat.

Verneuil-sur-Vienne, 2,220 h., c. d'Aixe.

Veyrac, 1,742 h., c. de Nieul.

Vicq, 1,979 h., c. de Saint-Germain.

Victurnien (Saint-), 1,408 h., c. de Saint-Junien. ⋙⟶ Église romane renfermant le tombeau de saint Victurnien. — Lanterne des morts (XIIe s.).

Videix, 732 h., c. de Rochechouart.

Vigen (Le), 2,139 h., c. (Sud) de Limoges. ⋙⟶ Église romane.

Villefavard, 566 h., c. de Magnac-Laval. ⋙⟶ Jolie église moderne de style ogival.

Vitte (Saint-), 1,037 h., c. de Saint-Germain.

Yrieix-sous-Aixe (Saint-), 600 h., c. d'Aixe.

Yrieix-la-Perche (Saint-), 7,429 h., ch.-l. d'arrond. ⋙⟶ L'église collégiale, appelée le *Moûtier* (mon. hist.), est un édifice remarquable du style ogival naissant. La nef, sauf la première travée, le chœur, jusqu'au chevet, le transsept, ont été bâtis dans un espace de 27 mois, du 17 mai 1181 au 25 août 1183. L'église dans son ensemble affecte le plan d'une croix latine avec une nef sans bas côtés (sinon à la travée du porche, qui remonte au commencement du XIIe s.) et trois chœurs parallèles terminés, celui du centre par un chevet à trois pans ajouté ou reconstruit au milieu du XIIIe s., ceux des côtés par des murs droits, et dont la réunion forme un massif de même largeur que le transsept. Sur la façade latérale du S., une porte à trois voussures s'ouvre au-dessous d'une rangée d'arcatures en plein cintre, dont la médiane est occupée par un Christ byzantin ; ces arcatures sont surmontées d'un triplet. La nef et le chœur sont décorés d'une galerie à arcatures.

La tour, placée à l'O., présente un étage d'arcatures trilobées romanes (communes en Limousin); au-dessus, deux fenêtres, partagées en deux baies, éclairent chacune des quatre faces du clocher, que termine une flèche en radoises peu élégante.

On remarque, à l'intérieur, la disposition du maître-autel, et, dans la sacristie, trois beaux reliquaires, l'un du XIIe s., les deux autres du XIIIe.

En sortant de l'église par la porte du S., on voit à g. une *tour* de défense du XIIe s., avec fenêtre géminée

A LA LIBRAIRIE DE Mme Ve DUCOURTIEUX

5, RUE DES ARÈNES, A LIMOGES

et chez les principaux libraires du département

ALMANACH LIMOUSIN

DU RESSORT DE LA COUR D'APPEL ET DU DIOCÈSE DE LIMOGES

Paraissant depuis 1858, divisé en partie officielle (renseignements administratifs) et en partie historique, et contenant la liste alphabétique de tous les fonctionnaires, propriétaires et commerçants de Limoges.

Prix : 1 franc.

Typographie Lahure, rue de Fleurus, 9, à Paris.

France par ADOLPHE JOANNE

HAUTE-VIENNE

Les chiffres indiquent la hauteur en mètres au dessus du niveau de la mer.

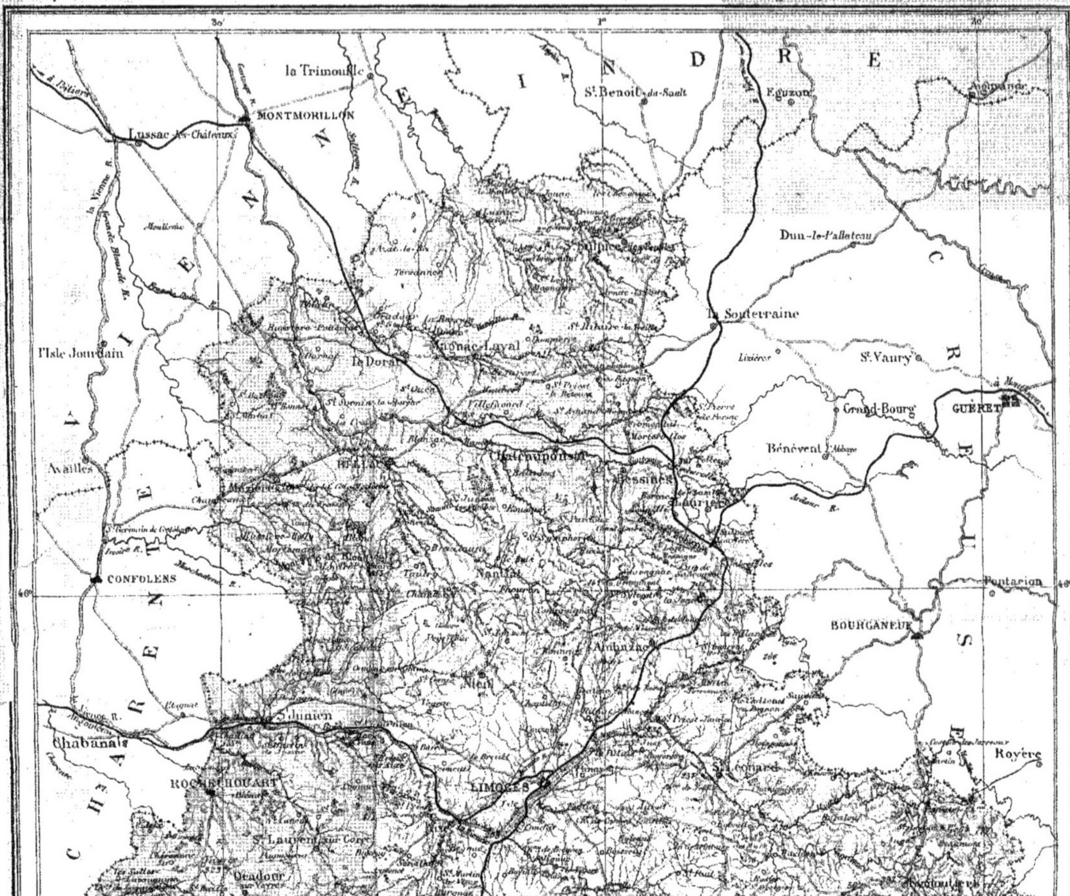

Hachette et Cie à Paris

TYPOGRAPHIE LAHURE, RUE DE FLEURUS, 9, A PARIS.

www.ingramcontent.com/pod-product-compliance
Ingram Content Group UK Ltd.
Pitfield, Milton Keynes, MK11 3LW, UK
UKHW031954260826
14628UKWH00005B/2044

9 782012 546806